Learn Intermediate Spanish with Short Stories for Adults

Shortcut Your Spanish Fluency!

Table of Contents

Introduction

So you've just put down our book *Learn Spanish with Short stories for Adult Beginners* and feel like you need more? Are you looking for more high-quality short stories in Spanish? Don't worry, we've got you covered!

With this edition of *Learn Intermediate Spanish with Short stories for Adults* you will learn essential every-day vocabulary while dwelling into more complex structures such as the future, the indefinite and the imperfect preterite, and the dreaded subjunctive. But don't start panicking! Remember our short stories are carefully designed for you, our intermediate learner, meaning they will challenge you but in a way you won't feel frustrated. Quite the opposite, actually. You will feel motivated every step of the way as you notice your Spanish skills improving more and more.

Each of our chapters is meant to teach you a key element of the Spanish language while keeping you hooked with the compelling story. We won't be putting you to sleep with boring stories or tales for kids. We promise! And our exercises at the end of the chapter will test your Spanish skills every time.

If you're coming to us after finishing *Learn Spanish with Short stories for Adult Beginners*, it's good to have you back. And if you just stumbled upon our book looking for new material to read, then welcome aboard! Great stories await with *Learn Intermediate Spanish with Short stories for Adults*.

How to use this book

You will notice that each story in our book follows the same structure:

Short story in Spanish

A summary in Spanish

A summary in English

A glossary with Spanish words and phrases and their English translation

Quizzes to test your understanding of the story

Answers to verify if you were correct

Key takeaways from the chapter

We suggest you follow these tips to get the most out of our stories:

1. **Read the story all the way through**. Don't worry about trying to understand every single word right away. Follow the plot of the story as much as you can, and use the context to fill in those mental gaps you may have.
2. **Take a moment to reflect on the plot of the story**. Think about how much you understood on your own, and if it helps, write down in English what you think the story was about.
3. **Read the Spanish summary**. See if the idea of the story is the same as what you had in your head. If the Spanish summary seems too complicated at first, try reading the English one. And don't worry, even if it feels hard at first, it will get easier as you train your mind.
4. **Read the story once again**. This time focus more on the details you may have missed on your first read.
5. **Review the glossary**. Make sure you understand the words in the list, and if you're unsure of the meaning of any of the words, go to the story to put them in context. This will help you fully grasp the meaning of the more complicated phrases or expressions.

6. **Test yourself**. Do the quizzes to make sure you understood the story from beginning to end.
7. **Check the answers**. Make sure the answers are similar or the same as the ones you wrote. But don't worry if you didn't get all the answers right. Making mistakes isn't failing. If you made a mistake, review that part of the story. You'll have a better understanding of both the story as a whole and the concept, phrase or structure that you didn't get the first time around.
8. **Congratulate yourself**. Think about how much you understood on your own, even if it wasn't much at first. Remember that the key here is practice and consistency. The more you read and train your brain, the better you will get at this.
9. **Go to the next story**. Once you've gotten everything you could out of the story, go to the next one. Remember that each story has its own set of structures and vocabulary that gets progressively more challenging. The more you read, the closer you will be to your goal of mastering the Spanish language.

Chapter 1: La fiebre – The fever

Si traes hijos al mundo, ámalos con el corazón y el alma.

- Alice Walker

Hoy Carlos se quedó en casa porque **le dolía la cabeza** y **se sentía mal**. Su madre, Marisol, va al trabajo pensando que es solo **un resfriado**. Cuando llega a casa, Marisol se da cuenta que su hijo **tiene fiebre. Ella manda a su hija a comprar medicina** para Carlos, y **mientras tanto** prepara una **sopa de pollo** con muchos vegetales **para que el niño recupere sus fuerzas. Pica cebolla, papas,** zanahorias, **cilantro** y también **perejil** y **lo**

echa todo a la sopa. El niño **tiene casi 39 grados de temperatura,** claramente tiene fiebre. Marisol le pregunta si **tiene dolor de estómago** y él le dice que no, así que **le da la sopa** a Carlos mientras él ve la televisión. A Carlos **no le apetece comer sopa,** pero lo hace porque Marisol le dice que **es por su bien.** Cuando Carlos se termina la sopa, **se toma una pastilla** para la fiebre y descansa un rato en la cama de Marisol porque **ella necesita estar atenta de su temperatura.** Marisol **le pone un pañuelo frío en la frente para bajarle la fiebre. Si la temperatura no baja,** Marisol **tendrá que darle una ducha con agua fría.**

Marisol piensa qué puede hacer. Ella no tiene carro para llevar a su hijo al hospital y **a estas horas de la noche el transporte público no está disponible.** Tal vez **podría pedirle a algún vecino con carro que losllleve al hospital,** aunque **no sabe a quién pedirle el favor** y ya son las 11 de la noche. Marisol **le toma la temperatura** a Carlos cada 20 minutos **esperando algún cambio,** pero la fiebre **no cede,** así que ella lleva a su hijo al baño para que se duche con agua fría.

Marisol espera 20 minutos luego de la ducha para tomarle la temperatura a Carlos de nuevo. Carlos continúa con 39 grados de temperatura. Marisol empieza a preocuparse y llama a su hermana.

–**Perdón que te llame a esta hora**, Carlos tiene mucha fiebre.

–**¿Cuánto tiene de temperatura?** –pregunta la hermana de Marisol.

–**Tiene 39 grados de fiebre**.

–**Ay, sí, es altísima**.

–**¿Tú conoces a alguien que pueda llevarme al hospital** a esta hora?

–Mi vecino Ramón tiene carro. **Le voy a preguntar y te llamo de vuelta**.

–**Dale**.

Carlos **sigue viendo caricaturas** en la televisión, pero **está temblando** un poco, parece que **tiene escalofríos**.

La hermana de Marisol la llama de vuelta.

–El carro de Ramón tiene **una llanta pinchada**.

–Ay, no sé qué hacer, hermana. Estoy muy **angustiada** porque **no se le baja la fiebre** con nada.

–**Cálmate**, no pasa nada. También llamé a una vecina que es **enfermera** y **le puede poner una inyección** para bajarle la fiebre.

–¿En serio? Ay, gracias, hermanita.

–**En 10 minutos estamos allá**.

Marisol espera a su hermana en la puerta, con mucha impaciencia. Cuando ella llega con su vecina, Marisol les da las gracias por venir a esta hora. La enfermera pasa al cuarto de Marisol y habla con Carlos, **con un tono muy dulce** y calmado le dice que **necesita que sea un niño valiente** porque **le tiene que poner una inyección**. Carlos **está asustado** y **le aprieta la mano a su mamá** mientras la enfermera le pone una inyección **en su nalga izquierda**. Carlos **se queja cuando siente la aguja y** luego llora. Marisol **lo consuela** y le da un chocolate **como premio** por **portarse bien**.

La enfermera le dice a Marisol que **ya puede estar tranquila**, que con la inyección **la fiebre bajará** en un par de horas. También le da su número de teléfono y **le dice que la llame si la necesita**. Marisol **ofrece pagarle** a la enfermera pero ella **no lo acepta**, le dice que es un favor y **espera que Carlos se mejore**.

Con el pasar de las horas, a Carlos se le baja un poco la fiebre. Marisol duerme con él **por si acaso**. En la mañana, cuando Marisol le toma la temperatura, Carlos ya no tiene fiebre, aun así, Marisol le dice a Carlos que es mejor que se quede en casa, y ella **falta al trabajo para cuidar de él**.

Resumen

Carlos, el hijo de Marisol, se siente mal y no va a clases. Con el progresar del día, a Carlos le da fiebre y Marisol hace de todo para bajarle la temperatura. Le da sopa, le da medicina, le da un baño de agua fría, pero nada funciona. Es de noche y Marisol está angustiada porque no sabe qué hacer, así que llama a su hermana. Su hermana llega a la casa con una vecina que es enfermera y le pone una inyección a Carlos para la fiebre. Con el pasar de las horas, el niño mejora.

Summary

Carlos, Marisol's son, feels unwell so he misses class. During the day Carlos gets a fever and Marisol does everything she can to lower his temperature. She feeds him soup, gives him medicine, she gives him a bath, but nothing works. It's late at night and Marisol is worried because she doesn't know what to do, so she calls her sister. Her sister comes to her house with a neighbor who is a nurse, and she gives Carlos a shot for the fever. With the passing of the hours, the boy gets better.

Glosario – Glossary

Le dolía la cabeza: he had a headache

Se sentía mal: he felts unwell

Un resfriado: a cold

Tiene fiebre: he has a fever

Ella manda a su hija a comprar medicina: she asks her daughter to buy some medicine

Mientras tanto: meanwhile

Sopa de pollo: chicken soup

Para que el niño recupere sus fuerzas: so that the boy regain strength

Pica, cebolla, papas, cilantro y perejil: she chops onion, potatoes, cilantro and parsley

Lo echa todo: she adds everything

Tiene casi 39 grados de temperatura: his temperature is almost 39 degrees

Tiene dolor de estómago: he has a stomachache

Le da la sopa: she feeds him some soup

No le apetece comer sopa: he doesn't feel like eating soup

Es por su bien: it's for his own good

Se toma una pastilla: he takes a pill

Ella necesita estar atenta de su temperatura: she needs to monitor his temperature

Le pone un pañuelo frío en la frente: she puts a cold washcloth on his forehead

Para bajarle la fiebre: to lower his fever

Si la temperatura no baja: if the temperature doesn't lower

Tendrá que darle una ducha con agua fría: she will have to give him a cold shower

A estas horas de la noche: this late at night

El transporte público no está disponible: public transportation is not available

Podría pedirle a algún vecino con carro que los lleve al hospital: she could ask a neighbor with a car to take them to the hospital

No sabe a quién pedirle el favor: she doesn't know who to ask for a favor

Le toma la temperatura: she takes his temperature

Esperando algún cambio: waiting for a change

No cede: it doesn't go down

Perdón que te llame a esta hora: sorry for calling you this late

¿Cuánto es su temperatura?: what's his temperature?

Tiene 39 grados de fiebre: he has a fever of 39 degrees

Está altísima: it's really high

¿Tú conoces a alguien que me pueda llevar al hospital?: do you know anyone that can take me to the hospital?

Le voy a preguntar y te llamo de vuelta: I will ask him and then I'll call you back

Dale: okay

Sigue viendo caricaturas: he keeps watching cartoons

Está temblando: he's shaking

Tiene escalofríos: he has chills

Tiene una llanta pinchada: it has a flat tire

Angustiada: worried

No se le baja la fiebre: his fever won't go down

Cálmate: calm down

Enfermera: nurse

Le puede poner una inyección: she can give him a shot

En 10 minutos estamos allá: we will be there in 10 minutes

Con un tono muy dulce: with a very sweet tone of voice

Necesita que sea un niño valiente: she needs him to be a brave boy

Le tiene que poner una inyección: she has to give him a shot

Está asustado: he's scared

Le aprieta la mano a su mamá: she squeezes her mom's hand

En su nalga izquierda: on his left butt cheek

Se queja cuando siente la aguja: he groans when he feels the needle

Lo consuela: she comforts him

Como premio: as a reward

Portarse bien: behaving well

Ya puede estar tranquila: she can relax now

La fiebre bajará: the fever will go down

Le dice que la llame si la necesita: she tells her to call her if she needs her

Ofrece pagarle: she offers to pay her

No lo acepta: she doesn't accept it

Espera que Carlos se mejore: she hopes that Carlos gets better

Con el pasar de las horas: with the passing of the hours

Por si acaso: just in case

Falta al trabajo para cuidar de él: she misses work to take care of him

Ejercicio 1

Contesta las siguientes preguntas – answer the following questions

1- **¿Qué manda Marisol a su hija a comprar?** – what does Marisol ask her daughter to buy?

_____

2- **¿Qué le prepara Marisol a Carlos?** – what does Marisol prepare for Carlos?

_____

3- **¿Dónde duerme Carlos?** – where does Carlos sleep?

_____

4- **¿Por qué ella no lleva a su hijo al hospital?** – why doesn't she take her son to the hospital?

_____

5- **¿Cada cuánto tiempo Marisol le toma la temperatura a Carlos?** – how often does Marisol take Carlos' temperature?

6- ¿A qué hora Marisol llama a su hermana? – what time does Marisol call her sister?

7- ¿Qué le pasa al carro de Ramón? – what's wrong with Ramón's car?

8- ¿Dónde inyecta la enfermera a Carlos? – where does the nurse give Carlos the shot?

9- ¿Por qué la enfermera no acepta el dinero? – why doesn't the nurse accept the money?

10- ¿Qué hace Marisol al día siguiente? – what does Marisol do the next day?

Ejercicio 2

Elige entre "verdadero" o "falso" – choose "true" or "false"

1- **La sopa tiene tomate.** – The soup has tomato in it.

2- **A Carlos no le gusta mucho la sopa.** – Carlos doesn't like soup very much.

3- **Marisol deja que Carlos duerma un rato.** – Marisol lets Carlos sleep for a while.

_____

4- **Carlos toma una ducha con agua caliente.** – Carlos takes a shower with hot water.

_____

5- La temperatura de Carlos es de 40 grados. – Carlos temperature is 40 degrees.

_____

6- **La enfermera da miedo.** – The nurse is scary.

_____

7- **Carlos llora por la inyección.** – Carlos cries because of the shot.

_____

8- **Marisol le da un chocolate a Carlos.** – Marisol gives Carlos a chocolate.

_____

9- **La enfermera le pone dos inyecciones a Carlos.** – The nurse gives Carlos two shots.

_____

10- **Carlos se mejora con rapidez.** – Carlos gets better pretty fast.

_____

Respuestas – Answers

Ejercicio 1

1- Marisol manda a su hija a comprar medicina para Carlos.

2- Marisol le prepara una sopa de pollo a Carlos.

3- Carlos duerme en la cama de Marisol.

4- Marisol no lleva a su hijo al hospital porque no tiene carro y el transporte público no está disponible en la noche.

5- Marisol le toma la temperatura a Carlos cada 20 minutos.

6- Marisol llama a su hermana a las 11 de la noche.

7- El carro de Ramón tiene una llanta pinchada.

8- La enfermera inyecta a Carlos en la nalga izquierda.

9- La enfermera no acepta el dinero porque es un favor.

10- Al día siguiente, Marisol le dice a Carlos que se quede en casa y ella falta al trabajo para cuidar de él.

Ejercicio 2

1- Falso

2- Verdadero

3- Verdadero

4- Falso

5- Falso

6- Falso

7- Verdadero

8- Verdadero

9- Falso

10- Verdadero

Puntos clave — Key takeaways

- *Apetecer*, *doler*, and *dar miedo* are verbs/constructions similar to *gustar* in the way they are conjugated.
- The indirect objective pronouns *me, te, le, nos,* and *les* are used with these verbs.
- *Me duele la cabeza* and *tengo dolor de cabeza* are different ways to say "I have a headache", and the same structure can be applied to other aches.
- *Mandar* can be used as "to ask" when talking about commands.
- Remember that direct and indirect objective pronouns go before the verb in Spanish, as in, *Yo lo ayudo* (I help him), or *Yo le doy un libro* (I give him a book).

In the next chapter, you will read Cristina's touching story, where she talks about her grandmother who passed away the year before. Here, we will introduce the indefinite preterite tense.

Chapter 2: La abuela – Grandma

Los abuelos, al igual que los héroes, son tan necesarios para el crecimiento de los niños como las vitaminas.

- Joyce Allston

Hoy es **el aniversario de la muerte de** la abuela de Cristina. Es un día muy triste para la familia, pero como **ellos se apoyan los unos a los otros**, es un poco **más llevadero**. Cristina va al cuarto que **antes pertenecía a** su abuela. **Ya nadie duerme en ese cuarto,** aunque la cama de su abuela **todavía está ahí**. Cristina se sienta en la cama y comienza a pensar mucho en su abuela, **casi puede sentirla** en el aire. La madre de Cristina era muy joven **cuando la tuvo** así que en el año 1990, cuando Cristina tenía

cuatro años, **pasó al cuidado de su abuela** Lucía. Cristina **durmió** muchas noches en esa misma cama con su abuela, como **cuando se enfermaba**. La abuela Lucía era **una mujer muy amorosa**, especialmente con sus nietos, a todos **les daba el mismo cariño**. Varios de sus nietos **vivieron** en su casa **en algún punto de** sus vidas. Cristina **creció** en esa casa, **estudió** en el colegio a cinco cuadras de allí y **trabajó en la tienda de zapatos** de enfrente. Cristina recuerda **muy vívidamente** un diciembre en que su madre **vino** a la casa a visitarla. La abuela Lucía **había preparado** mucha comida con la ayuda de todos sus nietos, Cristina **preparó la ensalada de pollo con papas y zanahoria**. Esa noche la madre de Cristina **le trajo unos regalos**, un vestido hermoso y **un oso de peluche**. **Les contó a todos** que **tenía** un nuevo esposo, un abogado exitoso que **complacía todos sus**

caprichos, y que ahora vivía en una linda casa al este de la ciudad. Cuando todos **terminaron de comer**, en la privacidad del cuarto de su abuela, **le preguntó a Cristina si quería vivir con ella**. **Le prometió** que ahora **todo sería distinto**, que **ella sería** una mejor madre y **le daría todo lo que ella merecía**, que **le compraría mucha ropa** y **estudiaría en un colegio privado**. **Cristina tenía diez años en aquel entonces**, una niña **muy madura para su edad**. Esta era **la primera vez que veía** a su madre así. **Se sentía** muy contenta de estar con su madre y de todo lo que ella le prometía, pero luego de pensarlo un momento, **rechazó la oferta**. Le dijo que en la casa de su abuela quizás **no tenía muchos lujos**, que quizás no tenía **su propia habitación**, o sus propios juguetes, pero que ella era una niña muy feliz, y que al final **eso era todo lo que importaba**. Su madre **estaba muy herida y decepcionada**, pero con los años **entendió la decisión que tomó Cristina**.

Cristina **nunca se arrepintió**.

—¿Qué haces? —preguntó Iván, el primo de Cristina, entrando a la habitación.

—Nada. Recordando.

—La abuela **te quería** mucho. Lo sabes, ¿no?

—Claro que lo sé. Nos quería a todos, y nos **lo demostraba**.

—**¿Ya preparaste lo que vas a decir** en la ceremonia?

Cristina sostiene un papel en sus manos. —Sí, aquí lo tengo.

Iván y Cristina salen de la casa, se montan en el carro y conducen hasta la iglesia El Corazón de Jesús. Ahí **se encuentran** con algunos primos, sus tíos, amigos. **Ha pasado un año desde** la muerte de la abuela Lucía y todos demuestran su cariño con su presencia. **El sacerdote** de la iglesia dice unas palabras y llama a Cristina para que diga unas palabras sobre su abuela. Hay una foto de su abuela y Cristina **la observa** por un momento. **Las palabras se le atascan en la garganta** y **se le salen las lágrimas** mientras lee **lo que escribió**. Cuando termina, **todos se levantan de sus asientos** y le **aplauden**.

—Mi niña, **no sabes cuánto te quería tu** abuela.

Cristina responde: Sí, sí lo sé.

Resumen

Es el aniversario de la muerte de la abuela de Cristina y ella está en el cuarto de su abuela, pensando mucho en ella. Reflexiona sobre su infancia viviendo con su abuela, y sobre una noche en la que su madre le pidió que se mudara con ella. Luego, junto con su primo Iván, Cristina va a la iglesia El Corazón de Jesús y lee unas hermosas palabras en honor a su abuela. Todos le aplauden y le recuerdan cuánto la quería su abuela.

Summary

It is the anniversary of Cristina's grandma's death, and she's in her grandma's room, thinking a lot about her. She reflects on her childhood living with her grandma, and about a night when her mother asked her to move in with her. Then, along with her cousin Iván, Cristina goes to the church *El Corazón de Jesús* and she reads some beautiful words in her grandma's honor. Everyone gives her a round of applause and reminds her how much her grandma loved her.

Glosario – Glossary

El aniversario de la muerte de: the anniversary of the death of

Ellos **se apoyan los unos a los otros**: they support each other

Más llevadero: more bearable

Antes pertenecía a: it used to belong to

Ya nadie duerme en ese cuarto: no one sleeps in that room anymore

Todavía está ahí: it's still there

Casi puede sentirla: she can almost feel her

Cuando la tuvo: when she had her

Pasó al cuidado de su abuela: she was placed in the care of her grandma

Durmió: she slept

Cuando se enfermaba: when she would get sick

Una mujer muy amorosa: a very loving woman

Le daba el mismo cariño: she gave them the same affection

Vivieron: they lived

En algún punto: at one point

Creció: she grew up

Estudió: she studied

Trabajó en la tienda de zapatos: she worked at the shoe store

Muy vívidamente: very vividly

Vino: she came

Había preparado: she had prepared

Preparó la ensalada de pollo con papas y zanahoria: she prepared the chicken salad with potatoes and carrot

Le trajo unos regalos: she brought her some presents

Un oso de peluche: a teddy bear

Les dijo a todos: she told everyone

Tenía: she had

Complacía todos sus caprichos: he would indulge all of her whims

Terminaron de comer: they were done eating

Le preguntó a Cristina si quería vivir con ella: she asked Cristina if she wanted to live with her

Le prometió: she promised her

Todo sería distinto: everything would be different

Ella sería: she would be

Le daría todo lo que ella merecía: she would give her everything she deserved

Le compraría mucha ropa: she would buy her a lot of clothes

Estudiaría en un colegio privado: she would study in a private school

Cristina tenía diez años: Cristina was ten years old

En aquel entonces: back then

Muy madura para su edad: very mature for her age

La primera vez que veía: the first time she saw

Se sentía: she felt

Rechazó la oferta: she declined the offer

No tenía muchos lujos: she didn't have a lot of luxuries

Su propia habitación: her own room

Eso era todo lo que importaba: that was all that mattered

Estaba muy herida y decepcionada: she was pretty hurt and disappointed

Entendió la decisión que tomó Cristina: she understood the decision Cristina made

Nunca se arrepintió: she never regretted it

Te quería: she loved you

Lo demostraba: she showed it

¿Ya preparaste lo que vas a decir?: did you already prepare what you're going to say?

Se encuentran: they meet

Ha pasado un año desde: it's been a year since

El sacerdote: the priest

La observa: she looks at it

Las palabras se le atascan en la garganta: the words get stuck in her throat

Se le salen las lágrimas: she sheds some tears

Lo que escribió: what she wrote

Todos se levantan de sus asientos: they all rise from their seat

Le **aplauden**: they give her a round of applause

No sabes cuánto te quería: you don't know how much she loved you

Ejercicio 1

Contesta las siguientes preguntas – answer the following questions

1- ¿Qué edad tenía Cristina cuando comenzó a vivir con su abuela?
– how old was Cristina when she started living with her grandma?

_____

2- ¿Cuándo solía Cristina dormir con su abuela? – when did Cristina use to sleep with her grandma?

_____

3- ¿En qué tipo de tienda trabajó Cristina? – what type of store did Cristina work at?

_____

4- ¿Cuándo apareció la mamá de Cristina? – when did Cristina's mom show up?

_____

5- ¿Qué regalos trajo la mamá de Cristina? – what presents did Cristina's mom bring?

_____

6- ¿Dónde vivía la mamá de Cristina? – where did Cristina's mom live?

_____

7- ¿Qué le preguntó la mamá a Cristina? – what did Cristina's mom ask her?

_____

8- ¿Por qué Cristina rechazó la oferta? – why did Cristina decline the offer?

_____

9- ¿A quién ve Cristina en la iglesia? – who does Cristina see in the church?

_____

10- ¿Qué le dicen todos a Cristina? – what does everyone keep telling Cristina?

Ejercicio 2

Elige entre "verdadero" o "falso" – choose "true" or "false"

1- **Cristina se mudó con su abuela en 1990.** – Cristina moved with her grandma in 1990.

2- **Cristina siempre dormía con su abuela.** – Cristina always slept with her grandma.

3- **Cristina vivía con algunos primos.** – Cristina lived with some cousins.

4- **La ensalada tenía tomates.** – The salad had tomatoes in it.

5- **La mamá de Cristina tenía un nuevo esposo.** – Cristina's mom had a new husband.

6- **Cristina no tenía su propia habitación.** – Cristina didn't have her own room.

7- **La mamá de Cristina se la llevó a la fuerza.** – Cristina's mom took her by force.

8- **La iglesia se llamaba El Corazón de Cristo.** – The church was called *El Corazón de Cristo.*

9- **Lucía murió hace 10 años.** – Lucía died 10 years ago.

10- **Cristina lee el discurso sin problemas.** – Cristina reads her speech effortlessly.

Respuestas – Answers

Ejercicio 1

1- Cristina comenzó a vivir con su abuela a los cuatro años.

2- Cristina solía dormir con su abuela cuando se enfermaba.

3- Cristina trabajó en una tienda de zapatos.

4- La mamá de Cristina apareció una noche de diciembre.

5- La mamá de Cristina trajo un vestido y un oso de peluche para ella.

6- La mamá de Cristina vivía en una linda casa en el este de la ciudad.

7- La mamá de Cristina le preguntó si quería ir a vivir con ella.

8- Cristina rechazó la oferta porque ella era feliz con su abuela.

9- Cristina ve a sus primos, tíos y amigos en la iglesia.

10- Todos le dicen a Cristina que su abuela la quería mucho.

Ejercicio 2

1- Verdadero

2- Falso

3- Verdadero

4- Falso

5- Verdadero

6- Verdadero

7- Falso

8- Falso

9- Falso

10- Falso

Puntos clave — Key takeaways

- The indefinite preterite is one of the tenses in Spanish that we use to talk about the past.

- Vivió and estudió are examples of regular-verb conjugations in Spanish.
- *Dijo* and *durmió* are examples of irregular-verb conjugations in Spanish.
- Irregular verbs fall into certain conjugation categories. We can choose to study these categories, or memorize each verb with an irregular conjugation.
- A few verbs, such as *ser*, change so drastically when conjugated in indefinite preterite that the only thing we can do is memorize them.

In the next chapter, you will read Tomas' crazy story about what he and his friends did on the night of his birthday. Keep your eyes open! We will be making emphasis in the indefinite preterite as well as the imperfect preterite.

Chapter 3: El cumpleaños de Tomás – Tomás' birthday

No envejecemos con los años, sino que somos más nuevos cada día.

- Emily Dikinson

Tomás despierta con un fuerte dolor de cabeza, toda **la habitación da vueltas**. El reloj marca las 2 de la tarde y él no recuerda mucho sobre **lo que pasó** la noche anterior. Tomás todavía tiene puesta la ropa de anoche, dos de sus amigos duermen en unos **colchones** en el piso de su habitación. Luis despierta igual de **desorientado** que él, y le pregunta qué hora es.

–¿**Te acuerdas** algo de anoche? –pregunta Tomás.

–Claro, ¿Por qué? ¿Tú no?

–No mucho, **la verdad**.

Luis **comienza a decirle lo que sucedió** la noche anterior. Sus amigos vinieron a su casa alrededor de las 10 de la noche y **tomaron un poco**. Luis **trajo una botella de ron**, otro amigo trajo vodka. **Ninguno sabía preparar tragos complicados**, así que tomaron vodka con jugo de naranja, y ron con **gaseosa**. **Estuvieron bebiendo** y hablando **como por tres horas** y luego tomaron dos taxis hasta la **discoteca** Blue, a unos treinta minutos de camino. La entrada a la discoteca **costaba** 200 pesos, pero Tomás **entró gratis** porque era su cumpleaños. También **le dieron un cóctel como obsequio**. El DJ **ponía mayormente** las canciones pop más populares del momento, y todos en **la multitud cantaban mientras bailaban**. Las **luces giratorias alumbraban** el lugar **al ritmo de la música**. Había chicas muy lindas, y en poco tiempo los chicos **habían conseguido con quien bailar**. Tomás **conoció a una chica llamada**

Valentina, tenía el cabello rubio y corto y una sonrisa muy bonita. Ella **lo felicitó por su cumpleaños** y **le invitó un trago**. Después de bailar un rato, Tomás **se sentó** con Valentina y **charlaron** sobre varias cosas. Ambos **estaban tan concentrados en la conversación** que casi no **notaron** la conmoción en **la pista de baile**, y cuando Tomás **se dio cuenta**, Luis **estaba discutiendo con** uno de los **guardias de seguridad**. Tomás **fue a preguntar qué sucedía**, y **para su sorpresa** los guardias de seguridad **los echaron** a él y a sus amigos del lugar. Tomás estaba **enfurecido**, no solo porque estaba un poco borracho sino porque **no entendía** nada de lo que estaba pasando. Luis estaba igual de furioso y **le explicó** que **alguien le había sacado el celular de su bolsillo** y que **pensaba que había sido** uno de los guardias que estaba en la pista de baile, y que cuando **lo confrontó**, el hombre **negó** todo y les dijo a los otros guardias que los sacaran porque **estaban haciendo una escena**. Tomás le preguntó si estaba totalmente seguro de **si el guardia le había robado el celular** y él le dijo que no, que estaba muy oscuro. A pesar de **lo que había pasado**, y de que Tomás estaba frustrado porque **no tuvo tiempo de pedirle a Valentina su número**, los chicos **no querían regresar a casa todavía**, así que **fueron** a otra discoteca llamada Caribe, donde la música era salsa, merengue y reggaetón. **Había barra libre** hasta las 4 de la mañana, así que **aprovecharon** para tomar **tanto como podían**. Tomás tomó demasiado y **tuvo que ir** al baño porque **pensaba que iba a vomitar**, aunque por suerte solo **fue una falsa alarma**. A las 2 de la mañana **hubo** un show de *drag queens*, y finalmente los chicos se dieron cuenta de que estaban en una discoteca gay. **Se sentían tontos por ser tan despistados**, pero igual encontraron a chicas que pensaban que ellos eran **de mente abierta** por estar en un lugar como ese y **los invitaron a bailar**. La pasaron genial el resto de la noche, hasta que la discoteca **cerró**. Luego de ahí, todos **regresaron** en taxi a la casa de Tomás.

—**¿Ahora sí te acuerdas?** —pregunta Luis.

—Más o menos.

El celular de Tomás **vibra**, es un mensaje de **un número desconocido**. — Hola, es Rebeca, la chica de la discoteca de anoche, este es mi número.

Resumen

Tomás se despierta con un fuerte dolor de cabeza sin recordar mucho lo que pasó la noche anterior. Luis le cuenta que celebraron su cumpleaños tomando un poco en su casa y luego yendo a una discoteca donde Tomás conoció a una chica llamada Valentina. Hubo un problema con uno de los guardias de seguridad del lugar y a Tomás y sus amigos los echaron de la discoteca, pero como no querían ir a casa aún, fueron a Caribe, donde tomaron mucho y bailaron con unas chicas. Fue una noche loca que sin duda recordarán por muchos años.

Summary

Tomás wakes up with a throbbing headache without remembering much of what happened the previous night. Luis tells him that they celebrated Tomás' birthday drinking a bit at his house and then going to a club where Tomás met a girl called Valentina. There was a problem with one of the security guards of the place and Tomás and his friends got kicked out of the club, but since they didn't want to go home yet, they went to Caribe, where they drank a lot and danced with some girls. It was a crazy night that they will definitely remember for many years.

Glosario – Glossary

La habitación da vueltas: the room spins

Lo qué pasó: what happened

Colchones: mattresses

Desorientado: disoriented

¿Te acuerdas?: do you remember?

La verdad: honestly

Comienza a decirle: he starts telling him

Lo que sucedió: what happened

Tomaron un poco: they drank a bit

Trajo: he brought

Una botella de ron: a bottle of rum

Ninguno sabía preparar tragos complicados: none of them knew how to make complicated cocktails

Gaseosa: soda

Estuvieron bebiendo: they were drinking

Como por tres horas: for about three hours

Discoteca: night club

Costaba: it cost

Entró gratis: he entered for free

Le dieron un cóctel como obsequio: they gave him a cocktail as a gift

El DJ ponía: the DJ played

Mayormente: mostly

La multitud: the crowd

Cantaban mientras bailaban: they were singing while dancing

Las luces giratorias alumbraban: the rotating lights lit up

Al ritmo de la música: to the rhythm of the music

Habían conseguido: they had found

Con quien bailar: who to dance with

Conoció: he met

Una chica llamada: a girl called

Lo felicitó por su cumpleaños: she said happy birthday to him

Le invitó un trago: she bought him a drink

Se sentó: he sat

Charlaron: they talked

Estaban tan concentrados en la conversación: they were so focused on the conversation

Notaron: they noticed

La pista de baile: the dance floor

Se dio cuenta: he noticed

Estaba discutiendo con: he was arguing with

Guardias de seguridad: security guards

Fue a preguntar qué sucedía: he went to ask what was happening

Para su sorpresa: to his surprise

Los echaron: they kicked them out

Enfurecido: enraged

No entendía: he didn't understand

Le explicó: He explained

Alguien le había sacado el celular de su bolsillo: someone had grabbed his phone from his pocket

Pensaba que había sido: he thought that it had been

Lo confrontó: he confronted him

Negó: he denied it

Estaban haciendo una escena: they were making a scene

Si el guardia le había robado el celular: if the guard had stolen his phone

Lo que había pasado: what had happened

No tuvo tiempo de pedirle a Valentina su número: he didn't have time to ask Valentina for her number

No querían regresar a casa todavía: they didn't want to go back home yet

Fueron: they went

Había barra libre: there was an open bar

Aprovecharon para tomar tanto como podían: they took advantage of the situation to drink as much as they could

Tuvo que ir: he had to go

Pensaba que iba a vomitar: he thought he was going to throw up

Fue una falsa alarma: it was a false alarm

Se sentían tontos: they felt stupid

Por ser tan despistados: for being so absent-minded

De mente abierta: open-minded

Los invitaron a bailar: they asked them to dance

Cerró: it closed

Regresaron: they went back

¿Ahora sí te acuerdas?: do you remember now?

Vibra: it vibrates

Un número desconocido: an unknown number

Ejercicio 1

Contesta las siguientes preguntas – answer the following questions

1- **¿A qué hora despierta Tomás?** – what time does Tomás wake up?

_____

2- **¿Qué tomaron en casa de Tomás?** – what did they drink in Tomas' house?

_____

3- **¿Cuánto pagó Tomás para entrar a la discoteca?** – how much did Tomás pay to enter the club?

_____

4- **¿Cómo era Valentina?** – what did Valentina look like?

_____

5- **¿Con quién discutía Luis?** – who was Luis arguing with?

_____

6- **¿Qué le pasó a Luis?** – what happened to Luis?

_____

7- **¿Qué tipo de música ponían en Caribe?** – what type of music did they play in Caribe?

8- ¿Cuántas veces vomitó Tomás en la discoteca? – how many times did Tomás throw up in the club?

9- ¿Por qué las chicas los invitaron a bailar? – why did the girls ask them to dance with them?

10- ¿Quién le manda un mensaje a Tomás en la mañana? – who texts Tomás in the morning?

Ejercicio 2

Elige entre "verdadero" o "falso" – choose "true" or "false"

1- **Tomás despierta en casa de Luis.** – Tomás wakes up at Luis' house.

2- **Luis trajo una botella de ron.** – Luis brought a bottle of rum.

3- **La entrada a la discoteca costaba 300 pesos.** – The entry to the club was 300 pesos.

4- **Valentina tenía el cabello negro.** – Valentina had black hair.

5- **Luis se peleó con alguien.** – Luis had a fight with someone.

6- **Tomás le pidió el número a Valentina.** – Tomás asked Valentina her phone number.

_____

7- **En Caribe había barra libre hasta las 4 a.m.** – At Caribe there was an open bat until 4 a.m.

_____

8- **Hubo un concurso a las 2 a.m.** – There was a contest at 2 a.m.

_____

9- **Tomás bailó con Rebeca.** – Tomás danced with Rebeca.

_____

10- **Tomás condujo hasta su casa.** – Tomás drove home.

_____

Respuestas – Answers

Ejercicio 1

1- Tomás despierta a las 2 de la tarde.

2- En casa de Tomás tomaron vodka con jugo de naranja y ron con gaseosa.

3- Tomás no pagó para entrar, la entrada fue gratis porque él estaba cumpliendo años.

4- Valentina tenía el cabello rubio y corto y una linda sonrisa.

5- Luis discutía con uno de los guardias de seguridad de la discoteca.

6- Alguien le sacó el teléfono del bolsillo a Luis.

7- En Caribe ponían salsa, merengue y reggaetón.

8- Tomás no vomitó, solo fue una falsa alarma.

9- Las chicas los invitaron a bailar porque pensaban que ellos eran de mente abierta por estar en un lugar así.

10- Rebeca, la chica con la que Tomás bailó la noche anterior, le mandó un mensaje.

Ejercicio 2

1- Falso

2- Verdadero

3- Falso

4- Falso

5- Falso

6- Falso

7- Verdadero

8- Falso

9- Verdadero

10- Falso

Puntos clave — Key takeaways

- The imperfect preterite is the other of the tenses in Spanish that we use to talk about the past.
- *Cantaban* and *bailaban* are examples of regular-verb conjugations in Spanish.
- *Podían* and *querían* are examples of irregular-verb conjugations in Spanish.
- Just like verbs in the indefinite preterite, irregular verbs in the imperfect preterite fall into certain conjugation categories. We can choose to study these categories, or memorize each verb with an irregular conjugation.

In the next chapter, you will go deep into Tomás' childhood and how he used to spend the summers with his family. We will also delve into the imperfect preterite tense, learning how to use verbs such as *soler* in the past tense.

Chapter 4: Mi niñez – My childhood

El niño que no juega no es niño, pero el hombre que no juega perdió para siempre al niño que vivía en él, y que le hará mucha falta.

- Pablo Neruda

Cuando Tomás era pequeño, **solía** pasar las vacaciones de verano en la casa de sus abuelos **en el campo. No podía esperar a que llegaran las vacaciones**. Siempre **se portaba bien** el mes anterior a las vacaciones **para que sus padres lo dejaran ir** al campo. La casa de los abuelos de Tomás era enorme, tenían un **terreno extenso** donde **había** muchas plantas y **sembraban** tomates y papas, e incluso **cocos** y bananas. También tenían más de diez perros, el perro favorito de Tomás era Girasol, una golden retriever muy **traviesa que se ponía muy contenta cada vez que veía a Tomás**. También tenían otros animales como **caballos, patos y gallinas. Nunca había silencio** en la casa.

Esos días de vacaciones Tomás **se levantaba** a las 8 de la mañana y **ayudaba** a su abuela a preparar los huevos para el desayuno, luego **veía caricaturas** mientras comía. Al rato **salía a jugar** con los perros o a ver a sus primos más grandes **montar a caballo**. A él **no lo dejaban** montar a caballo porque era muy pequeño, pero a veces su primo Juan lo dejaba subirse al caballo con él, y **no le decían** a la abuela **para que no se enfadara**. A Tomás también **le gustaba meterse en la piscina**

todos los días, **incluso cuando llovía**. A veces Girasol **entraba** a la piscina con él y **jugaban un rato en el agua**. Las noches en el campo eran un poco frías, así que la abuela **no dejaba que Tomás estuviera en la piscina para que no se resfriara**. Una noche, Tomás **no le hizo caso a su abuela** y se resfrió tanto **que hasta tuvo fiebre**, esa vez **aprendió su lección**. En la noche Tomás normalmente jugaba **juegos de mesa** con sus primos, dibujaba en su cuarto, o veía **las noticias** con el abuelo.

Tomás **era un nieto muy consentido**. Sus primos normalmente **tenían que compartir habitación,** pero él **tenía un cuarto para él solo**, quizás era porque era el más joven, pero él cree que fue así porque **era el único nieto que pasaba todos los veranos** en casa de sus abuelos. Sus primos a veces **viajaban** a otros lugares, pero Tomás **le pedía a sus padres que lo llevaran** a casa de sus abuelos todos los años porque le encantaba.

Lo único que a Tomás no le gustaba era cuando su tío Manuel **los llevaba a todos de cacería**. Le gustaba pasar tiempo con sus primos en el campo, pero cada vez que **veía morir a los animales** Tomás **se ponía a llorar**. Una vez incluso su tío se molestó con él porque Tomás **se rehusó a comer el conejo que ellos habían cazado**, pensaban que Tomás **estaba siendo malcriado** y hasta **lo castigaron**. Le dijeron que esa noche no comería nada, que **se acostaría con el estómago vacío**, pero su abuela, **a escondidas, le dio un buen pedazo de tarta de manzana. Hasta el día de hoy nadie sabe que eso pasó**. Desde esa noche, Tomás decidió que **ya no comería carne**, y aunque **nadie lo entendía al principio, con el tiempo**, lo entendieron y **lo respetaron**.

Desde entonces, cada vez que Tomás **iba** a casa de sus abuelos, la abuela **le preparaba** algo especial a él con vegetales. Junto con Tomás, la abuela **sembró pepinos, pimentones y aguacates**, luego una de las actividades favoritas de Tomás era **cuidar de las plantas** y **recoger los frutos** que dejaban. A pesar de algunos momentos **no tan buenos**, Tomás recuerda **su infancia** con mucha alegría y a menudo **desearía volver a vivir** esos momentos.

Resumen

Cuando Tomás era pequeño, solía pasar cada verano en casa de sus abuelos en el campo. Le gustaba jugar con los animales y pasar tiempo con sus primos, además de nadar en la piscina. Un día en particular tuvo un problema con su tío Manuel y lo castigaron por rehusarse a comer la carne de un animal que habían cazado, entonces Tomás decidió que nunca más volvería a comer carne. A pesar de algunos momentos no tan buenos, Tomás era muy feliz en el campo con sus abuelos y recuerda esos días con mucho cariño.

Summary

When Tomás was little, he used to spend every summer in his grandparents' house in the countryside. He liked playing with the animals and spending time with his cousins, as well as swimming in the pool. One day in particular he had a problem with his uncle Manuel and they grounded him for refusing to eat the meat of an animal they had hunted, then Tomás decided he would never eat meat again. Despite some not so great moments, Tomás was really happy in the country with his grandparents and he remembers those days fondly.

Glosario – Glossary

Solía: he used to

En el campo: in the countryside

No podía esperar a que llegaran las vacaciones: he couldn't wait for vacations to arrive

Se portaba bien: he would behave well

Para que sus padres lo dejaran ir: so that his parents would let him go

Terreno extenso: extensive land

Había: there was/there were

Sembraban: they would plant

Cocos: coconut

Traviesa: mischievous

Que se ponía contenta: who would get happy

Cada vez que veía a Tomás: every time she saw Tomás

Caballos, patos y gallinas: horses, ducks and hens

Nunca había silencio: there was never silence

Se levantaba: He would get up

Ayudaba: He would help

Veía caricaturas: he would watch cartoons

Salía a jugar: he would go out to play

Montar a caballo: to ride a horse

No lo dejaban: they wouldn't let him

No le decían: they wouldn't tell

Para que no se enfadara: so that she wouldn't get mad

Le gustaba meterse en la piscina: he used to like getting in the pool

Incluso cuando llovía: even when it was raining

Entraba: she would get in

Jugaban un rato en el agua: they would play for a while in the water

No lo dejaba estar en la piscina: she wouldn't let him be in the pool

Para que no se resfriara: so that he wouldn't catch a cold

No le hizo caso a su abuela: he didn't listen to his grandmother

Se resfrió: he caught a cold

Tanto **que hasta tuvo fiebre:** it was so strong that he even had fever

Aprendió su lección: he learned his lesson

Juegos de mesa: board games

Las noticias: the news

Era un nieto muy consentido: he was a very spoiled grandson

Tenían que compartir habitación: they had to share a room

Tenía un cuarto para él solo: he had a room just for him

Era el único nieto que pasaba todos los veranos: he was the only grandson that would spend every summer

Viajaban: they would travel

Le pedía a sus padres que lo llevaran: he would ask his parents to take him

Los llevaba a todos de cacería: he would take them all hunting

Veía a los animales morir: he would watch the animals die

Se ponía a llorar: he would start crying

Se rehusó a comer: he refused to eat

El conejo que ellos habían casado: the rabbit they had hunted

Estaba siendo malcriado: he was being a brat

Lo castigaron: they grounded him

Se acostaría con el estómago vacío: he would go to bed with an empty stomach

A escondidas: behind their backs

Le dio un buen pedazo de tarta de manzana: she gave him a generous piece of apple pie

Hasta el día de hoy: to this day

Nadie sabe que eso pasó: no one knows that that happened

Ya no comería carne: he wouldn't eat meat anymore

Nadie lo entendía al principio: no one understood it at first

Con el tiempo: with time

Lo respetaron: they respected it

Desde entonces: since then

Iba: he would go

Sembró pepinos, pimentones y aguacates: she planted cucumber, pepper and avocado

Cuidar de las plantas: to take care of the plants

Recoger los frutos: to reap the fruits

No tan buenos: not so good

Su infancia: his childhood

Desearía volver a vivir: he wishes he could relive

Ejercicio 1

Contesta las siguientes preguntas – answer the following questions

1- ¿Por qué Tomás solía portarse bien? – why did Tomás use to behave well?

_____

2- ¿Cómo era Girasol? – how was Girasol like?

_____

3- ¿Qué otros animales había? – what other animals where there?

_____

4- ¿Por qué no lo dejaban montar a caballo? – why wouldn't they let him ride a horse?

_____

5- ¿Qué hacía su primo Juan? – what would his cousin Juan do?

_____

6- ¿Qué le pasó a Tomás cuando no escuchó a su abuela? – what happened to Tomás when he didn't listen to his grandma?

_____

7- ¿Por qué piensa Tomás que sus abuelos lo consentían? – what does Tomás think is the reason his grandparents spoiled him?

_____

8- ¿Qué pasaba cuando Tomás iba de cacería? – what would happen when Tomás went hunting?

_____

9- ¿Por qué castigaron a Tomás? – why did they ground Tomás?

10- **¿Cuál era la actividad favorita de Tomás?** – what was Tomás' favorite activity?

Ejercicio 2

Elige entre "verdadero" o "falso" – choose "true" or "false"

1- **Los abuelos de Tomás sembraban frutas.** – Tomás' grandparents would plant fruits.

2- **Ellos también tenían gatos.** – They also had cats.

3- **Tomás preparaba el café para los demás en las mañanas.** – Tomás would make coffee for everybody in the morning.

4- **A Tomás no lo dejaban alimentar a los caballos.** – They wouldn't let Tomás feed the horses.

5- **Las noches eran frías.** – The nights were cold.

6- **Tomás compartía cuarto con Juan.** – Tomás shared a room with Juan.

7- **A Tomás no le gustaba ir de cacería.** – Tomás didn't like to go hunting.

8- **A Tomás lo castigaron por pelearse con un primo.** – Tomás was grounded because he was fighting with a cousin.

9- **Tomás decidió ya no comer carne.** – Tomás decided not to eat meat anymore.

10- **Tomás recuerda su infancia con cariño.** – Tomás remembers his childhood fondly.

Respuestas – Answers

Ejercicio 1

1- Tomás se portaba bien para que sus padres lo dejaran ir a casa de sus abuelos en el campo.

2- Girasol era una golden retriever muy traviesa.

3- En el campo también había caballos, patos y gallinas.

4- A Tomás no lo dejaban montar a caballo porque era muy pequeño.

5- Su primo Juan lo dejaba montar a caballo con él.

6- Cuando Tomás no escuchó a su abuela, se resfrió tanto que hasta tuvo fiebre.

7- Tomás cree que sus abuelos lo consentían mucho porque él era el único nieto que los visitaba todos los veranos.

8- Cuando Tomás iba de cacería y veía a los animales morir, se ponía a llorar.

9- Castigaron a Tomás porque se rehusó a comer el conejo que ellos habían cazado.

10- La actividad favorita de Tomás era cuidar de las plantas y recoger los frutos que ellas dejaban.

Ejercicio 2

1- Verdadero

2- Falso

3- Falso

4- Falso

5- Verdadero

6- Falso

7- Verdadero

8- Falso

9- Verdadero

10- Verdadero

Puntos clave — Key takeaways

- We usually use the imperfect preterite to talk about past habits or repeated situations in the past.
- Used to or would are the structures we can use as equivalent to the imperfect preterite.
- The verb *soler* can be translated as used to, that way, *Yo solía viajar*, would be (I used to travel).
- When reading a story narrated in the past tense in Spanish, you will find both the indefinite preterite and the imperfect preterite.

In the next chapter, you will read about Marisol and her struggles with her hyperactive son. Stay focused! We will be introducing the pluperfect tense.

Chapter 5: El pequeño karateca – The little karate fighter

La recreación y la diversión son tan necesarias para nuestro bienestar como las actividades más serias de la vida.

- Brigham Young

Carlos, el hijo de Marisol, **siempre ha sido** un niño muy **inquieto** y con mucha energía, es por eso que **ha probado todo tipo de pasatiempos** o simples actividades para usar toda esa energía. Probó con los instrumentos, Marisol **le consiguió una profesora privada que le enseñara a tocar el piano**, pero Carlos no tenía la **paciencia suficiente para memorizar las notas. La guitarra** fue **el mismo cuento, y ni hablar del violín. Un tío lejano de Carlos** le compró un violín **carísimo** en Alemania porque Carlos **prometió que practicaría hasta dominar el instrumento**, pero luego de solo un mes el niño **perdió todo el interés**. Ahora **el violín importado lleva dos años acumulando polvo en el closet de Carlos.**

Con eso Marisol aprendió que **lo mejor sería que el niño se enfocara en los deportes.** Comenzó con **la natación**, y por un tiempo parecía **que le gustaba.** Iba a una gran piscina en La Universidad Nacional a practicar todas las semanas, pero luego de un par de meses **se aburrió. El fútbol también se le daba muy bien.** Le encantaba ver los

44

partidos en televisión así que **Marisol supuso que le gustaría**. Carlos jugó fútbol por casi un año, incluso **estuvo muy cerca de entrar en el equipo de fútbol de su escuela**. Pero como sucedió en todos los casos anteriores, el niño simplemente se aburrió. **A dos semanas de hacer la prueba para entrar en el equipo**, Carlos **dijo que ya no le interesaba**.

Por suerte, **luego de un mes de obsesión** con películas sobre **artes marciales**, Carlos comenzó a practicar karate. Al principio **hubo un problema** porque Carlos originalmente quería practicar taekwondo, que es un arte marcial muy distinto, y en la escuela de artes marciales **le habían dicho a Marisol que también enseñaban taekwondo, pero no era así**. Carlos fue a la primera clase muy **entusiasmado por aprender**, escuchó al profesor **en todo momento** e **hizo todo lo que él les enseñaba**. En un punto de la clase, Carlos se dio cuenta de que les estaban enseñando karate y no taekwondo, y se levantó y **se retiró del salón sin decir una palabra**. Marisol se sentía muy apenada por la reacción de su hijo y **le pidió disculpas al profesor por lo que él hizo**. En el pasillo de la escuela, Marisol habló con su hijo. Carlos decía que **ella lo había engañado**, que la clase era de karate y no de lo que él quería, así que no iba a continuar, pero Marisol habló con él y le explicó la situación, **le dijo que lo intentara al menos un mes** porque **ella ya había pagado por un mes de clases** para él, y también **le había comprado un uniforme de karate**. Aunque **le costó un poco convencerlo**, al final Carlos **le hizo caso a su madre**, y luego de dos semanas **le empezó a gustar** mucho el karate, **hasta el punto de que no hablaba de otra cosa**.

Marisol se puso muy contenta porque pensó que **al fin había encontrado el hobby perfecto** para su hijo, **y así fue. Ya Carlos lleva dos años practicando karate** y **no solo le gusta mucho sino que es muy bueno**. El mes pasado fue **la ceremonia para avanzar de nivel** y Carlos **pasó a ser cinturón azul**. Marisol está orgullosa de él y **le gusta lo motivado que está** su hijo **ya que nunca lo había visto poner tanto empeño** en algo. Marisol **espera que Carlos siga practicando** karate por muchos años ya que **le enseña disciplina**, y **quizás lo ayude para defenderse** en el futuro.

Resumen

Carlos es un niño con mucha energía y por eso ha tenido todo tipo de pasatiempos. Ha probado algunos instrumentos, como el violín, la guitarra y el piano, pero todos los dejó al poco tiempo. Lo mismo pasó con ciertos deportes. La natación la abandonó luego de un par de meses y también se aburrió del fútbol. Marisol inscribió a Carlos en una escuela de artes marciales donde le dijeron que enseñaban taekwondo, pero al final no era cierto, y Carlos terminó en una clase de karate, que al principio no le gustaba pero con el tiempo eso cambió. Ahora Carlos es cinturón azul y le sigue gustando mucho el karate.

Summary

Carlos is a really energetic kid and that's why he's had all kinds of hobbies. He's tried some instruments, such as the violin, the guitar and the piano, but he quit before long. The same thing happened with certain sports. He quit swimming after a couple of months and also got bored of soccer. Marisol enrolled Carlos in a martial arts school where they told her they taught taekwondo, but in the end that was not true. Carlos ended up in a karate class, which at the beginning he didn't like but with the time that changed. Now, Carlos is a blue belt and he still likes karate a lot.

Glosario – Glossary

Siempre ha sido: he has always been

Inquieto: restless

Ha probado todo tipo de pasatiempos: he has tried all kinds of hobbies

Le consiguió: she got him

Una profesora privada que le enseñara a tocar el piano: a private teacher who would teach him to play the piano

Paciencia suficiente para memorizar las notas: enough patience to memorize the notes

La guitarra: the guitar

El mismo cuento: the same story

Ni hablar del violín: not to mention the violin

Un tío lejano de Carlos: a distant uncle of Carlos'

Carísimo: super expensive

Prometió que practicaría hasta dominar el instrumento: he promised he would practice until he had mastered the instrument

Perdió todo el interés: he lost all interest

El violín importado lleva dos años acumulando polvo en el closet de Carlos: the imported violin has been collecting dust for two years in Carlos' closet

Lo mejor sería que el niño se enfocara en los deportes: the best thing to do would be for him to focus on sports

La natación: swimming

Parecía **que le gustaba**: he seemed to like it

Se aburrió: he got bored

El fútbol también se le daba bien: he was good at soccer too

Marisol supuso que le gustaría: Marisol assumed he would like it

Estuvo cerca de entrar en el equipo de fútbol de su escuela: he was close to getting into his school's soccer team

A dos semanas de hacer la prueba para entrar en el equipo: two weeks away from the team tryouts

Dijo que ya no le interesaba: he said he was no longer interested

Luego de un mes de obsesión: after a month of obsession

Artes marciales: martial arts

Hubo un problema: there was a problem

Le habían dicho a Marisol que también enseñaban taekwondo: they had told her that they also taught taekwondo

No era así: but that wasn't the case

Entusiasmado por aprender: excited to learn

En todo momento: at all moments

Hizo todo lo que él les enseñaba: he did everything he would teach them

Se retiró del salón: he left the room

Sin decir una palabra: without saying a word

Le pidió disculpas al profesor: she apologized to the teacher

Por lo que él hizo: for what he had done

Ella lo había engañado: she had deceived him

Le dijo que lo intentara al menos por un mes: she told him to try it at least for a month

Ella ya había pagado por un mes de clases: she had already paid for a month of lessons

Le había comprador un uniforme de karate: she had bought him a karate uniform

Le costó un poco convencerlo: it was a bit hard to convince him

Le hizo caso a su madre: he listened to his mother

Le empezó a gustar: he started liking it

Hasta el punto de que no hablaba de otra cosa: to the point he wouldn't talk about anything else

Al fin había encontrado el hobby perfecto para su hijo: she had finally found the perfect hobby for her son

Y así fue: and that was the case indeed

Ya Carlos lleva dos años practicando karate: Carlos has been practicing karate for two years now

No solo le gusta sino que es bueno: not only does he like it but he's also good

La ceremonia para avanzar de nivel: the ceremony to get to the next level

Pasó a ser cinturón azul: he became a blue belt

Le gusta lo motivado que está: she likes how motivated he is

Ya que nunca lo había visto poner tanto empeño en algo: because she had never seen him putting so much effort into something

Espera que Carlos siga practicando: she hopes he keeps practicing

Le enseña disciplina: it teaches him discipline

Quizás lo ayude a defenderse: maybe it will help him defend himself

Ejercicio 1

Contesta las siguientes preguntas – answer the following questions

1- **¿Qué instrumentos probó Carlos?** – what instruments did Carlos try?

_____

2- **¿Por qué él no continuó practicando el piano?** – why didn't he continue practicing the piano?

_____

3- **¿Qué sucedió con el violín de Carlos?** – what happened to Carlos' violin?

_____

4- **¿En dónde él practicaba natación?** – where did he use to practice swimming?

_____

5- **¿Por qué Marisol pensó que a Carlos le gustaría jugar fútbol?** – why did Marisol think Carlos would like to play soccer?

_____

6- **¿Cuándo Carlos perdió el interés por el fútbol?** – when did Carlos lose interest in soccer?

_____

7- **¿Cuál fue el problema con las clases de taekwondo?** – what was the problem with the taekwondo lessons?

_____

8- **¿Qué hizo Marisol luego de la reacción de su hijo durante la clase de karate?** – what did Marisol do after her son's reaction during the karate lesson?

9- **¿Por qué Marisol insistió en que su hijo continuara con las clases?** – why did Marisol insist her son continue with the lessons?

10- **¿Cómo le va a Carlos en karate ahora?** – how is Carlos' karate going now?

Ejercicio 2

Elige entre "verdadero" o "falso" – choose "true" or "false"

1- **Carlos aprendió a tocar la batería.** – Carlos learned to play the drums.

2- **Su tío le compró el violín en Argentina.** – His uncle bought him the violin in Argentina.

3- **Carlos practicó el violín por solo un mes.** – Carlos practiced the violin for just a month.

4- **Carlos jugó fútbol por un año.** – Carlos played soccer for a year.

5- **El taekwondo y el karate son muy similares.** – Taekwondo and karate are pretty similar.

6- **Carlos perdió su primera clase de karate.** – Carlos missed his first karate lesson.

7- **Carlos le gritó a su profesor de karate.** – Carlos yelled at his karate teacher.

8- **Marisol pagó por dos meses de clases de karate.** – Marisol paid for two months of karate lessons.

9- **Carlos es cinturón azul en karate ahora.** – Carlos is a blue belt in karate now.

10- **A Marisol le gusta que su hijo practique karate.** – Marisol likes that her son practices karate.

Respuestas – Answers

Ejercicio 1

1- Carlos probó el piano, la guitarra y el violín.

2- Carlos no continuó practicando el piano porque no tenía la concentración suficiente para memorizar las notas.

3- El violín de Carlos lleva dos años acumulando polvo en su closet.

4- Carlos practicaba natación en la piscina de la Universidad Nacional.

5- Marisol pensó que a Carlos le gustaría el fútbol porque le encantaba ver partidos de fútbol en la televisión.

6- Carlos perdió el interés por el fútbol a dos semanas de hacer la prueba para entrar en el equipo de fútbol de su escuela.

7- Carlos quería aprender taekwondo y a Marisol le habían dicho que en esa escuela enseñaban taekwondo, pero no era cierto.

8- Marisol se sentía muy apenada y le pidió disculpas al profesor por la reacción de su hijo.

9- Marisol insistió en que su hijo continuara con las clases de karate porque ya había pagado por un mes y también le había comprado un uniforme de karate nuevo.

10- A Carlos le sigue gustando el karate y es muy bueno en ello, ahora es cinturón azul.

Ejercicio 2

1- Falso

2- Falso

3- Verdadero

4- Verdadero

5- Falso

6- Verdadero

7- Falso

8- Falso

9- Verdadero

10- Verdadero

Puntos clave — Key takeaways

- When we're narrating something that happened in the past, we can use the pluperfect to talk about an action that happened prior to the event we're describing.
- The pluperfect is formed with the imperfect preterite conjugation of *haber* and a verb in its past participle form, *Yo había hecho eso*, as in (I had done that).
- Using the pluperfect tense is the furthest back in time we can go in Spanish.
- The pluperfect tense is mostly a supporting tense, meaning it's usually accompanied by another sentence in the indefinite or imperfect preterite. It rarely acts on its own.

In the next chapter, you will live vicariously through Cristina as you learn the present perfect tense and how to use it.

Chapter 6: El viaje de Cristina – Cristina's trip

Hay una especie de magia cuando nos vamos lejos y, al volver, hemos cambiado.

- Kate Douglas Wiggin

Este año a Cristina **le ha ido muy bien en el trabajo.** Trabaja **más horas que nunca,** pero **gracias a eso ha podido ahorrar mucho dinero.** Su novio **le preguntó qué planeaba hacer** con todo ese dinero, **a lo que ella no tenía respuesta** en ese momento, luego, después de pensarlo mucho, recordó que **uno de sus sueños siempre había sido viajar por el mundo.** Pensó en Francia, Italia y Portugal, países con mucha historia **que a ella le parecían muy fascinantes.**

Y así Cristina pasó las últimas tres semanas de viaje, **mañana será su último día en Portugal** y **se lleva recuerdos inolvidables.** Al fin ha podido ver esos castillos antiguos donde la realeza vivía hace siglos, con una arquitectura **fuera de este mundo.** En las fotos que tomó, **es casi imposible distinguir a la gente,** todos parecen pequeños insectos **al lado de los majestuosos castillos.** Por un momento vivió **aquella fantasía que tenía de pequeña,** se sintió como **una princesa de cuentos de hadas** con **esos collares y anillos de oro extravagantes.** En su viaje a Lisboa, Cristina también **ha podido probar platos deliciosos de comida**

marina. Cristina **no acostumbra comer cosas tan exóticas**, pero decidió hacerlo **porque sabía que se arrepentiría si no lo hacía**. Ha probado los **camarones, pulpos y almejas** en varios restaurantes del área. **Si tuviese que elegir** su favorito, **ella escogería** el restaurante que queda **a dos cuadras del lugar donde se está quedando**, un lugar muy **acogedor que lo atiende una señora mayor muy dulce que a Cristina le recuerda a su abuela.**

Aunque al principio **el plan era que el novio de Cristina la acompañara**, al final **no pudo** porque **tenía que trabajar**, así que **Cristina emprendió este viaje sola**. A pesar de eso, ella no se arrepiente. **Ella ha tenido la oportunidad de conocer** a personas muy interesantes, como unas **chicas de Alemania que hablaban un poco de español**. Una de ellas era una chica muy alta **que había venido a Lisboa a buscar inspiración para una novela que estaba escribiendo**. Cristina pasó tres días con ellas, y la escritora **le hacía todo tipo de preguntas, parecía fascinada con todo lo que Cristina tenía para decir**. También conoció a **una pareja de recién casados** que estaban en Portugal por su **luna de miel. Las circunstancias de cómo se conocieron** fueron bastante inusuales, el chico le habló a Cristina porque pensaba que era su hermana, **lo que a Cristina le pareció extraño** y por un momento pensó que era **alguna estrategia para robarla** o **algo por el estilo**, pero el chico **le enseñó unas fotos** a Cristina, y efectivamente **la hermana del chico se parecía mucho a ella**. Después del suceso tan extraño, Cristina **almorzó con ellos**, pero era difícil comunicarse porque los chicos no hablaban español, solo un poco de inglés.

Por desgracia **no todo ha sido color de rosa** en este viaje. Cristina **se ha quedado** en siete lugares distintos **a lo largo de su viaje** en Portugal, y en el único sitio donde tuvo problemas fue en un hotel, que la verdad fue un poco costoso. En su segundo día de estadía en el hotel, Cristina perdió su **secador de pelo** y algunos euros que tenía en la **maleta, lo cual reportó a los encargados del hotel** y ellos no hicieron nada, solo le dijeron que **ellos no se harían responsables de sus pérdidas**. Cristina **supone que la responsable fue la mucama** que entró a limpiar su cuarto **cuando ella no se encontraba en el hotel**. Pero **dejando eso de lado, la experiencia ha sido muy enriquecedora** para Cristina y piensa continuar viajando tanto como pueda.

Resumen

El sueño de Cristina siempre ha sido viajar por el mundo y ahora que trabaja en una empresa donde tiene un buen salario, puede darse la oportunidad de hacerlo. Ella escoge Portugal como su primer destino y la ha pasado muy bien allí, especialmente en Lisboa, donde visita algunos castillos majestuosos y conoce a varias personas interesantes. No todo fue perfecto en esta aventura, pero fue una experiencia muy enriquecedora.

Summary

Cristina's dream has always been traveling around the world and now that she works at a company where she has a good salary, she can have a chance to do that. She chooses Portugal as her first destination and has had a great time there, especially in Lisbon, where she visits some majestic castles and meets several interesting people. Not everything was perfect in this adventure, but it was a very rewarding experience.

Glosario – Glossary

Le ha ido muy bien en el trabajo: things have been going great for her at work

Más horas que nunca: more hours than ever

Gracias a eso: thanks to that

Ha podido ahorrar mucho dinero: she has been able to save a lot of money

Le preguntó qué planeaba hacer: he asked her what she was planning to do

A lo que ella no tenía respuesta: to which she had no answer

Uno de sus sueños siempre había sido viajar por el mundo: one of her dreams had always been to travel around the world

Que a ella le parecían muy fascinantes: which she found so fascinating

Mañana será su último día en Portugal: tomorrow will be her last day in Portugal

Se lleva recuerdos inolvidables: she's taking unforgettable memories with her

Ha podido ver esos castillos antiguos: she has been able to see those old castles

Donde la realeza vivía hace siglos: where the royalty lived centuries ago

Fuera de este mundo: out of this world

Es casi imposible distinguir a la gente: it's almost impossible to distinguish the people

Aquella fantasía que tenía de pequeña: that fantasy she had as a little girl

Una princesa de cuentos de hadas: a princess from fairy tales

Esos collares y anillos de oro extravagantes: those extravagant gold necklaces and rings

Ha podido probar todo tipo de platos de comida marina: she has been able to try all kinds of seafood dishes

No acostumbra a comer cosas tan exóticas: she's not used to eating exotic things

Porque sabía que se arrepentiría si no lo hacía: because she knew she would regret it if she didn't

Camarones, pulpos y almejas: shrimp, octopus and clam

Si tuviese que elegir: if she had to choose

Escogería: she would pick

A dos cuadras del lugar donde se está quedando: two blocks away from the place she's staying

Acogedor: cozy

Que lo atiende una señora mayor muy dulce: which is run by a sweet old lady

Que a Cristina le recuerda a su abuela: who reminds Cristina of her grandmother

El plan era que el novio de Cristina la acompañara: the plan was for Cristina's boyfriend to go with her

No pudo: he couldn't

Tenía que trabajar: he had to work

Cristina emprendió en este viaje ella sola: Cristina embarked on this trip alone

Ella ha tenido la oportunidad de conocer: she has had the opportunity to meet

Chicas de Alemania que hablaban un poco de español: girls from Germany who spoke a little Spanish

Que había venido a Lisboa: who had come to Lisbon

A buscar inspiración para una novela que estaba escribiendo: to search for inspiration for the novel she was writing

Le hacía todo tipo de preguntas: she made her all kinds of questions

Fascinada con todo lo que Cristina tenía para decir: fascinated with everything Cristina had to say

Una pareja de recién casados: a couple of newlyweds

Luna de miel: Honeymoon

Las circunstancias de cómo se conocieron: the circumstances of how they met

A Cristina le pareció extraño: Cristina found strange

Alguna estrategia para robarla: some strategy to rob her

Algo por el estilo: something like that

Le enseñó unas fotos: he showed her some pictures

La hermana del chico se parecía a ella: the guy's sister looked like her

Almorzó con ellos: she had lunch with them

No todo ha sido color de rosas: it hasn't all been peaches and cream

Se ha quedado: she has stayed

A lo largo de su viaje: throughout her journey

Secador de pelo: hairdryer

Maleta: suitcase

Lo cual reportó a los encargados del hotel: which she reported to the hotel managers

No se harían responsable de sus pérdidas: they wouldn't take responsibility for her lost item

Supone que la responsable fue la mucama: she assumes the responsable was the housekeeper

Cuando ella no se encontraba en el hotel: when she wasn't in the hotel

Dejando eso de lado: leaving that aside

La experiencia ha sido enriquecedora: the experience has been rewarding

Ejercicio 1

Contesta las siguientes preguntas – answer the following questions

1- ¿Qué ha podido hacer ella gracias a su trabajo? – what has she been able to do thanks to her job?

_____

2- ¿Cuánto tiempo ha estado de viaje? – how long has she been on her trip?

_____

3- ¿A qué parte de Portugal fue ella? – what part of Portugal did she go to?

_____

4- ¿Qué comida ha probado en Portugal? – why food has she tried in Portugal?

_____

5- ¿Cómo era la persona que atendía el restaurante? – what was the person who ran the restaurant like?

59

6- ¿A qué vino la chica alemana a Portugal? – what did the German girl come to Portugal to do?

7- ¿Cómo ella conoció a la pareja de recién casados? – how did she meet the newlyweds?

8- ¿Por qué era difícil hablar con ellos? – why was it difficult to talk to them?

9- ¿Qué sucedió en el hotel? – what happened in the hotel?

10- ¿Qué hicieron los encargados del hotel? – what did the hotel managers do?

Ejercicio 2

Elige entre "verdadero" o "falso" – choose "true" or "false"

1- Ella piensa que Portugal es fascinante. – She thinks Portugal is fascinating.

2- Ella siempre come cosas exóticas. – She always eats exotic food.

3- El restaurante queda a 1 kilómetro. – The restaurant is 1 kilometer away.

4- **Cristina viajó sola.** – Cristina traveled by herself.

5- **Ella conoció a dos chicas rusas.** – She met two Russian girls.

6- **La chica era profesora.** – The girl was a teacher.

7- **Cristina se parece a la hermana del chico.** – Cristina looks like the guy's sister.

8- **Cristina cena con ellos.** – Cristina has dinner with them.

9- **Cristina se ha quedado en cinco lugares diferentes.** – Cristina has stayed in five different places.

10- **Los encargados del hotel no hicieron nada por ella.** – The hotel managers didn't do anything for her.

Respuestas – Answers

Ejercicio 1

1- Cristina ha podido ahorrar mucho dinero con su nuevo trabajo y gracias a eso puede viajar.

2- Cristina ha estado de viaje por tres semanas.

3- Cristina fue a Lisboa.

4- Cristina ha probado comida marina como camarones, pulpo y almejas.

5- La persona que atendía el restaurante era una señora mayor muy dulce que a Cristina le recordaba a su abuela.

6- La chica alemana vino a Portugal a buscar inspiración para la novela que está escribiendo.

7- Ella conoció a la pareja de recién casados ya que el chico le habló a Cristina porque pensaba que era su hermana que se parece mucho a ella.

8- Era difícil hablar con ellos porque no hablaban español, solo un poco de inglés.

9- En el hotel Cristina perdió su secador de pelo y algo de dinero que tenía en la maleta, ella cree que fue robado.

10- Los encargados del hotel no hicieron nada, solo le dijeron que ellos no se harían responsables de sus pérdidas.

Ejercicio 2

1- Verdadero

2- Falso

3- Falso

4- Verdadero

5- Falso

6- Falso

7- Verdadero

8- Falso

9- Falso

10- Verdadero

Puntos clave — Key takeaways

- When we're talking about something that started happening in the past and continues in the present, we can use the present perfect tense.
- The present perfect is formed with the present conjugation of *haber* and a verb in its past participle form, *Yo he viajado*, as in (I have traveled).
- The use of this tense is usually regional, meaning some Spanish speaking countries don't use it as often since there are other constructions and structures in Spanish with the same end.

In the next chapter, you will read about Tomás and how hard it is for him to say goodbye to one of his closest friends. We will be covering structures similar to the present perfect tense.

Chapter 7: La despedida – The farewell

El dolor de la separación no es nada comparado con la alegría de reunirse de nuevo.

- Charles Dickens

Gerardo es uno de los mejores amigos de Tomás, los dos han **sido amigos por más de diez años**. Gerardo no habla mucho de Venezuela, el país de donde viene, Tomás no sabe por qué pero piensa que **quizás sea porque le da tristeza pensar en su país** y en **su familia que dejó allá**. Tomás ha conocido a los padres de Gerardo, también a algunos de sus primos y a su abuelo. Cada vez que Tomás va a casa de Gerardo lo reciben con mucho cariño y siempre le ofrecen comida, mucha comida, la mamá de Gerardo cocina delicioso. Hace un par de años, en el cumpleaños de Gerardo,

su mamá preparó una lasaña deliciosa, **tan exquisita** que Tomás **no la ha olvidado hasta el día de hoy**.

Gerardo **ha podido estudiar** y prepararse en la ciudad de Bogotá, pero encontrar trabajo **no ha sido nada fácil**. Ha tenido **muchos problemas** ya que a veces **quieren aprovecharse de él por ser inmigrante**, **le quieren pagar menos** o **no le quieren dar ciertos beneficios** que otros trabajadores de la empresa sí tienen. Una vez, cuando trabajaba en Computers Inc, a todos en la empresa les dieron un **bono navideño** y él fue el único que no recibió nada, y cuando **confrontó** a su jefe, el hombre le dijo que **podía renunciar si quería**, que **había muchos candidatos disponibles** y listos **para tomar su puesto de trabajo**. Gerardo **renunció apenas encontró un mejor trabajo**. Por suerte con los años encontró un buen trabajo en una empresa **donde lo tratan bien** y tiene los mismos beneficios que el resto, **hace dos años trabaja como programador** en Future Technologies.

El año pasado Gerardo conoció a una chica llamada Valeria en una fiesta de la compañía, ella es programadora como él, pero trabajaba en un piso diferente y **por eso nunca la veía. Desde ese día se volvieron** buenos amigos y ahora **tienen seis meses de novios. Se nota que están muy enamorados**, por eso **decidieron mudarse juntos** a España.

La semana pasada Gerardo le contó a Tomás y a **sus amigos más cercanos** que se iba con Valeria a España porque **a ella le habían ofrecido un trabajo** y **él no quería que la relación terminara**. Tomás **sabía que algo le preocupaba a Gerardo, llevaba varios días actuando extraño**, pero Tomás **no se imaginaba que la noticia era que él se iría**. Tomás se siente muy feliz por su amigo, **de que pueda vivir** en un país hermoso y **que lo haga** con la persona que ama. Pero también se siente un poco triste porque **va a perder a un gran amigo**, es un sentimiento **egoísta**, pero **es lo que él siente**.

Esta noche Tomás va a ir a **la fiesta de despedida** de Gerardo. Se siente algo nervioso o quizás triste, **lleva una hora escogiendo qué ropa se va a poner** y no puede decidirse. Los amigos más cercanos de Gerardo y su familia se reúnen en su casa, hay bebidas, mucha comida y la música está a todo volumen. Todos celebran, toman fotos y cuentan historias sobre Gerardo. Gerardo les cuenta que Valeria ya está en España y que él se reunirá con ella mañana, también les muestra **un video que Valeria grabó mostrando el departamento donde vivirán** los dos. **Se hace muy tarde** y las personas comienzan a irse, se despiden de Gerardo porque **ya no lo verán más, el vuelo** de Gerardo sale a las 3 de la mañana. Gerardo se va a despedir de Tomás pero él le dice que **quiere acompañarlo al aeropuerto**, así que se queda con él un rato más y luego van en la camioneta del papá de Gerardo a llevarlo al aeropuerto. Tomás se despide de Gerardo con un abrazo, los dos lloran. Tomás se queda un rato más **hasta que ve despegar el avión donde va Gerardo**.

Resumen

Gerardo y Tomás han sido amigos por más de 10 años. Tomás ha conocido a muchos miembros de su familia, ha ido mucho a su casa y conoce muy bien la situación de Gerardo. Sabe que las cosas no siempre han sido fáciles para Gerardo por ser inmigrante, especialmente cuando se trata de trabajo. La noticia de la partida de Gerardo toma por sorpresa a Tomás. Pasa un rato con él en su fiesta de despedida y luego lo acompaña al aeropuerto, donde se despide de él quizás para siempre.

Summary

Gerardo and Tomás have been friends for over 10 years. Tomás has met many of his relatives, he has also gone to his house a lot and knows Gerardo's situation pretty well. He knows things haven't been so easy for Gerardo because he's an immigrant, especially when it comes to work. The news of Gerardo's departure comes as a surprise to Tomás. He spends some time with him at his farewell party, then he goes with him to the airport, where he says goodbye to him perhaps forever.

Glosario – Glossary

Han sido amigos por más de diez años: they have been friends for more than ten years

Quizás sea porque le da tristeza pensar en su país: maybe it's because it saddens him to think about his country

Su familia que dejó allá: his family that he left there

Lasaña: lasagna

Tan exquisita: so delicious

No la ha olvidado hasta el día de hoy: he hasn't forgotten about it to this day

Ha podido estudiar: he has been able to study

No ha sido nada fácil: it hasn't been easy at all

Ha tenido muchos problemas: he has had many problems

Quieren aprovecharse de él por ser inmigrante: they want to take advantage of him for being an immigrant

Le quieren pagar menos: they want to pay him less

No le quieren dar ciertos beneficios: they don't want to give him certain benefits

Bono navideño: Christmas bonus

Confrontó: confronted

Podía renunciar si quería: he could quit if he wanted to

Había muchos candidatos disponibles: there were lots of available candidates

Para tomar su puesto de trabajo: to take his job

Renunció apenas encontró un mejor trabajo: he quit as soon as he found a better job

Lo tratan bien: they treat him well

Hace dos años que trabaja como programador: he has been working as a programmer for two years

Por eso nunca la veía: that's why he never saw her

Desde ese día se volvieron: from that day on they became

Tienen seis meses de novios: they have been dating for six months

Se nota que están enamorados: you can tell they're very in love

Decidieron mudarse juntos: they decided to move in together

Sus amigos más cercanos: his closest friends

A ella le habían ofrecido un trabajo: she had been offered a job

Él no quería que la relación terminara: he didn't want the relationship to end

Sabía que algo le preocupaba a Gerardo: he knew Gerardo was worried about something

Llevaba varios días actuando raro: he had been acting strange for several days

No se imaginaba que la noticia era que él se iba: he didn't imagine that the news was that he was leaving

De que pueda vivir: that he can live

Que lo haga: that he can do it

Va a perder a un gran amigo: he's going to lose a great friend

Egoísta: selfish

Es lo que él siente: it's how he feels

La fiesta de despedida: the farewell party

Lleva una hora escogiendo qué ropa se va a poner: he has been picking an outfit for about an hour

Un video que Valeria grabó mostrando el departamento donde vivirán: a video that Valeria recorded showing the apartment they will live in

Se hace muy tarde: it gets pretty late

Ya no lo verán más: they won't see him anymore

El vuelo: the flight

Quiere acompañarlo al aeropuerto: he wants to go with him to the airport

Hasta que ve despegar el avión donde va Gerardo: until he sees the plane Gerardo is in take off

Ejercicio 1

Contesta las siguientes preguntas – answer the following questions

1- ¿Cuánto tiempo llevan Tomás y Gerardo siendo amigos? – how long have Tomás and Gerardo been friends?

_____

2- ¿Por qué quizás Gerardo no habla de su país de origen? – what's perhaps the reason Gerardo doesn't talk about his country of origin?

_____

3- **¿Qué cocinaron en el cumpleaños de Gerardo?** – what did they cook on Gerardo's birthday?

_____

4- **¿Qué problemas ha tenido Gerardo?** – what problems have Gerardo faced?

_____

5- **¿Qué le pasó en Computers Inc?** – what happened to him in Computers Inc?

_____

6- **¿Cuánto tiempo lleva en su último trabajo?** – how long has he been in his last job?

_____

7- **¿Cuánto tiempo ha estado saliendo con Valeria?** – how long has he been dating Valeria?

_____

8- **¿Por qué él se va a ir España?** – why is he going to Spain?

_____

9- **¿Cómo se siente Tomás?** – how does Tomás feel?

_____

10- **¿A qué hora es el vuelo de Gerardo?** – what time is Gerardo's flight?

_____

Ejercicio 2

Elige entre "verdadero" o "falso" – choose "true" or "false"

1- Tomás ha conocido a toda la familia de Gerardo. – Tomás has met all of Gerardo's relatives.

_____

2- Gerardo estudió en Bogotá. – Gerardo studied in Bogotá.

_____

3- Algunos han querido aprovecharse de Gerardo por ser inmigrante. – Some have wanted to take advantage of Gerardo because he's an immigrant.

_____

4- Gerardo fue despedido de Computers Inc. – Gerardo got fired from Computers Inc.

_____

5- Él conoció a Valeria en una fiesta del trabajo. – He met Valeria at a work party.

_____

6- Él está muy enamorado de Valeria. – He's deeply in love with Valeria.

_____

7- A Tomás no le sorprendió la noticia. – Tomás wasn't surprised by the news.

_____

8- La fiesta de Gerardo es en su casa. – Gerardo's party is at his house.

_____

9- **Gerardo y Valeria alquilaron una casa en España.** – Gerardo and Valeria rented a house in Spain.

10- **Tomás acompaña a Gerardo al aeropuerto.** – Tomás goes with Gerardo to the airport.

Respuestas – Answers

Ejercicio 1

1- Tomás y Gerardo han sido amigos por 10 años.

2- Quizás Gerardo no habla de su país de origen porque se siente triste al pensar en su país y la familia que dejó allá.

3- La mamá de Gerardo cocinó una lasaña deliciosa.

4- A veces quieren aprovecharse de él por ser inmigrante, le quieren pagar menos o no le quieren dar ciertos beneficios que otros trabajadores de la empresa sí tienen.

5- A todos en la empresa les dieron un bono navideño y él fue el único que no recibió nada.

6- Hace dos años que trabaja como programador en Future Technologies.

7- Gerardo tiene seis meses saliendo con Valeria.

8- Gerardo se va a ir a España porque a Valeria le ofrecieron un trabajo y él no quiere que la relación termine.

9- Tomás se siente feliz por Gerardo pero a la vez triste porque siente que va a perder a un gran amigo.

10- El vuelo de Gerardo sale a las 3 de la mañana.

Ejercicio 2

1- Falso

2- Verdadero

3- Verdadero

4- Falso

5- Verdadero

6- Verdadero

7- Falso

8- Verdadero

9- Falso

Puntos clave — Key takeaways

- We can use these constructions with *llevar, tener* and *hacer* + *que* the same way we would use the present perfect tense.
- These constructions have no direct translation in English, which is why we would use the present perfect tense in English as an equivalent.
- These constructions are often a bit difficult for Spanish learners to grasp because of how different they would be from their English equivalent, since the structure of the sentence is basically turned upside down. *Hace dos años que somos amigos*, is an equivalent of (We have been friends for two years).
- All of these structures place the time reference first, *Tengo días escribiendo; llevo días escribiendo; Hace días que escribo*, these would be an equivalent of (I have been writing for days)

In the next chapter, you will accompany Daniela as she struggles to find a new apartment. Keep your eyes open! We will be introducing the future simple tense.

Chapter 8: La mudanza – The move

Mudan los tiempos y las voluntades; se muda el ser, se muda la confianza; el mundo se compone de mudanza tomando siempre nuevas calidades.

- Luís de Camões

Daniela **vive con sus dos compañeras de piso desde hace más de tres años** porque **los alquileres** en la ciudad son muy costosos. Para ella, tener compañeros de piso, **en parte** tiene sus **ventajas**, no solo porque **gasta menos dinero** en el alquiler y los servicios como el agua o el internet, **sino** que también tiene compañía. Aunque a veces a Daniela **le gustaría tener más privacidad**, ella **no está segura de cómo sería su vida si viviera sola, quizás sería mucho mejor**, pero **puede que no, puede que con el tiempo extrañe** a sus compañeras.

El mes que viene a Daniela y a sus compañeras **se les terminará el contrato** del departamento donde viven en el barrio Belgrano. Raquel y ella **tenían intenciones de renovar el contrato** por tres años más, pero su otra compañera, Martina, les dijo que ella **no quería seguir viviendo en esa parte de la ciudad** y que **se iba a mudar con su novio**. Eso tomó por sorpresa a Raquel y Daniela, por unos días **pensaron en buscar** a una nueva compañera **para compartir los gastos**, pero **al final** tomaron una decisión distinta.

—**Yo quiero seguir viviendo contigo** —le dijo Raquel cuando tomaban la decisión.

—Yo también —respondió Daniela.

Así comenzó la búsqueda de un nuevo departamento **para solo ellas dos**. Buscaron en varias páginas web y encontraron tres departamentos **que les gustaron**. El primero quedaba en el sur, afuera de la ciudad, pero bastante cerca de la estación de metro. Era un lindo departamento, muy amplio y con bastante iluminación, a un precio accesible, pero **lo descartaron** por la distancia, ya que ambas trabajan en la ciudad y sabían que con el tiempo **se volvería un problema** llegar a casa. El segundo departamento quedaba en Palermo, a un poco más de 20 cuadras de su actual departamento. Tenía tres habitaciones y **venía con muebles** y una televisión. A las chicas **les pareció un poco raro el precio**, el alquiler **estaba demasiado barato para la zona donde se encontraba** el departamento, su tamaño y las cosas con las que venía, después el dueño les explicó que **hace rato que él quería alquilar el departamento pero nadie concretaba el contrato con él**. A las chicas les encantó tanto el departamento que decidieron alquilarlo, pero por desgracia, **el día que iban a firmar** el contrato con el dueño, él las contactó y les dijo que ya había firmado contrato con otras personas.

Raquel y Daniela **estaban desilusionadas, ya se habían hecho a la idea de que vivirían ahí**, hasta tenían el dinero en mano. El tercer departamento al que fueron era más pequeño que los otros dos, estaba todo pintado de blanco y solo venía con un mueble verde que estaba **en buen estado** y una nevera totalmente funcional, **había una habitación para cada una** y el baño era amplio. **La dueña del departamento** era una **señora mayor** muy amable, y **les dijo que lo pensaran unos días y tomarán una decisión**.

Las chicas lo pensaron seriamente toda la noche, el departamento quedaba enr el centro de la ciudad, muy cerca del trabajo de Daniela, el alquiler no era tan barato como el de los otros dos departamentos, pero casi todos **los otros que ellas habían visto** tenían los mismos precios. Al día siguiente firmaron contrato con la dueña y comenzaron a planear **lo que pasará el día que se muden**. Daniela **irá** al otro departamento para limpiar un poco, mientras Raquel va en el **camión de la mudanza** con las cosas. Ese día **las dos comerán** en un restaurante de comida italiana para celebrar, y brindarán **con una botella de vino**. Ese es su plan, no están seguras de **si las cosas pasarán como ellas quieren**, pero **aceptarán lo que venga** con optimismo.

Resumen

Cuando la compañera de piso de Daniela y Raquel les dice que se irá a vivir con su novio a otro lado, ellas se encuentran con la necesidad de buscar un nuevo lugar donde vivir. Buscan un departamento que a ambas les guste y terminan con tres opciones. Descartan el primer departamento, el segundo se lo alquilan a otra persona, así que el tercero parece ser la mejor opción. Las chicas planean todo lo que harán el día de la mudanza con la esperanza de que todo salga bien ese día.

Summary

When Daniela and Raquel's roommate tells them she will go live with her boyfriend someplace else, they find themselves having to find a new place to live. They look for an apartment they both like and end up with three options. They rule out the first apartment, the second one gets rented to someone else, so the third one seems like the best option. The girls plan everything they will do the day of the moving with hopes that everything goes great that day.

Glosario – Glossary

Vive con sus compañeras de piso desde hace más de tres años: she has been living with her roommates for more than three years

Los alquileres: the rent

En parte: partly

Ventajas: advantages

Gasta menos dinero: she spends less money

Sino: but

Le gustaría tener más privacidad: she would like to have more privacy

No está segura de cómo sería su vida si viviera sola: she's not sure what her life would be like if she lived alone

Quizás sería mucho mejor: maybe it would be much better

Puede que no: it might not

Puede que con el tiempo extrañe: with time she might miss

El mes que viene: next month

Se les terminará el contrato: their contract will end

Tenían la intención de renovar el contrato: they had the intention of renewing the contract

No quería seguir viviendo en esa parte de la ciudad: she didn't want to keep living in that part of the city

Se iba a mudar con su novio: she was going to move with her boyfriend

Pensaron en buscar: they thought about looking for

Para compartir los gastos: to share the expenses

Al final: in the end

Yo quiero seguir viviendo contigo: I want to keep living with you

Así comenzó la búsqueda: that's how the search started

Para solo ellas dos: for just the two of them

Que les gustaron: that they liked

Lo descartaron: they ruled it out

Se volvería un problema: it would become a problem

Actual: current

Venía con muebles: it came with furniture

Les pareció un poco raro el precio: the price seemed a bit odd to them

Estaba demasiado barato para la zona donde se encontraba: it was too cheap for the area where it was located

Hace rato que él quería alquilar el departamento pero nadie concretaba el contrato con él: he had been wanted to rent the apartment for a while but no one wanted to close the contract with him

El día que iban a firmar: the day they were going to sign

Estaban desilusionadas: they were disappointed

Ya se habían hecho a la idea de que vivirían ahí: they had already gotten used to the idea that they would live there

En buen estado: in good condition

Había una habitación para cada una: there was a room for each of them

La dueña del departamento: the owner of the apartment

Señora mayor: an old lady

Les dijo que lo pensaran unos días y tomarán una decisión: she told them to think about it for a few days and make a decision

Los otros que ellas habían visto: the other ones they had seen

Lo que pasará el día que se muden: what will happen the day they move

Irá: she will go

Camión de la mudanza: moving truck

Las dos comerán: they will both eat

Brindarán con una botella de vino: they will cheer with a bottle of wine

Si las cosas pasarán como ellas quieren: if things will happen the way they want

Aceptarán lo que venga: they will accept whatever comes

Ejercicio 1

Contesta las siguientes preguntas – answer the following questions

1- **¿Desde hace cuánto que Raquel y Martina son sus compañeras de piso?** – how long have Raquel and Martina been her roommates?

_____

2- **¿Qué es lo bueno de tener compañeras de piso?** – what's good about having roommates?

_____

3- **¿Cuándo terminará su contrato?** – when's their contract coming to an end?

_____

4- **¿Por qué se muda Martina?** – why is Martina moving?

_____

5- **¿Por qué descartaron el primer departamento?** – why did they rule out the first apartment?

_____

6- **¿Por qué era raro lo barato que era el segundo departamento?** – why was it weird how cheap the second apartment was?

_____

7- **¿Qué sucedió cuando iban a firmar el contrato?** – what happened when they were going to sign the contract?

_____

8- **¿Cómo era el tercer departamento?** – what was the third apartment like?

_____

9- **¿Cuál era el departamento con el alquiler más costoso de los tres?** – what was the apartment with the most expensive rent of the three?

_____

10- **¿Cómo celebrarán el día que se muden?** – how will they celebrate the day they move?

_____

Ejercicio 2

Elige entre "verdadero" o "falso" – choose "true" or "false"

1- **Los alquileres en la ciudad son costosos.** – The renting prices in the city are high.

_____

2- **A ella le gustaría tener privacidad.** – She would like to have some privacy.

3- **Ella no quería vivir más en ese departamento.** – She didn't want to live in that apartment anymore.

4- **El primer departamento queda al este.** – The first apartment is to the east.

5- **El segundo departamento queda en Belgrano.** – The second apartment is in Belgrano.

6- **Hace rato que el dueño quería alquilar el departamento.** – The owner had wanted to rent the apartment for a while.

7- **El tercer departamento es el más grande.** – The third apartment is the largest.

8- **La dueña les rebajó el precio del alquiler.** – The owner lowered the rent.

9- **El departamento no tiene muebles.** – The apartment has no furniture.

10- **Ellas firmaron el contrato al día siguiente.** – They signed the contract the next day.

Respuestas – Answers

Ejercicio 1

1- Raquel y Martina han sido sus compañeras de piso por tres años.

2- Las ventajas de tener compañeras de piso es que gastas menos en el alquiler y otros servicios, y además tienes compañía.

3- El contrato se les vence el mes que viene.

4- Martina se muda porque no quiere vivir más en esa parte de la ciudad y se va a mudar con su novio.

5- Descartaron el primer departamento porque queda lejos de la ciudad.

6- Era raro lo barato que era el segundo departamento por la zona en donde quedaba y las cosas con las que venía.

7- Cuando iban a firmar el contrato, el dueño las contactó para avisarles que ya había firmado contrato con alguien más.

8- El tercer departamento era más pequeño que los otros dos, estaba pintado de blanco y venía con un mueble verde y una nevera, habían dos habitaciones y el baño era amplio.

9- El tercer departamento era el más costoso de los tres.

10- Las chicas celebrarán el día que se muden comiendo en un restaurante de comida italiana y brindando con una botella de vino.

Ejercicio 2

1- Verdadero

2- Verdadero

3- Falso

4- Falso

5- Falso

6- Verdadero

7- Falso

8- Falso

9- Falso

10- Verdadero

Puntos clave — Key takeaways

- *Vivirán* and *comerán* are examples of the future simple tense in Spanish.
- Though the future simple is a fairly used tense, it often sounds more natural to use the simple present tense with a future meaning in Spanish, as in *Esta noche nos vemos*, instead of *Esta noche nos veremos*.
- The future simple tense often feels too formal or a bit over the top for native speakers, so try to use it in a context where you think it fits.

In the next chapter, you will accompany Marisol as she makes one of the hardest decisions in her career. We will be learning more about the simple future.

Chapter 9: Mis metas – My goals

Siempre estoy haciendo cosas que no puedo hacer. Así es como consigo hacerlas.

- Pablo Picasso

Marisol trabaja como escritora en una revista llamada La Mirada **desde** el año 2007. A ella le gusta trabajar ahí, **se lleva muy bien con todos** y **ha aprendido** mucho en **ese puesto todos estos años**, pero últimamente **se ha estado sintiendo insatisfecha**, y se siente **algo tonta** por eso. Tiene un trabajo **estable con el que puede mantenerse a sí misma** y, lo que es más importante aún, a sus hijos, es mucho más de lo que tienen otras personas.

Pero después de 15 años en la misma compañía, **haciendo el mismo trabajo** todos los días, Marisol siente que **no tiene nada más que aprender** en La Mirada. Su sueño en la universidad era convertirse en editora **algún día**, pero ella sabe que en esta revista eso es imposible porque **ese puesto lo tiene su jefa** Jasmine, que es la hija del **dueño de la empresa**. **Tampoco ganará más dinero** en su puesto actual, **a este paso, las cosas seguirán iguales** por **el resto de su vida**, **todos los días serán iguales** y Marisol **se sentirá cada vez peor**.

El martes Marisol va a una cita con su dentista y en la tarde **se reúne con** su hermana a tomar un café y le explica su situación.

–**¿Te sientes aburrida o qué?** –pregunta su hermana.

–Es más que eso, siento que ahí **no tengo oportunidad de crecer**.

–Pero **te costó mucho tener** un trabajo estable como escritora, ¿no?

–Sí, pero **ya no me llena**, quiero **un reto** más grande.

–¿**Hablaste con tu jefa?**

–Sí, y me dijo que **estaba contenta con mi trabajo**, pero que básicamente era lo único que podía hacer en la empresa. Y sé que es un trabajo estable y me gusta.

–Pero quieres ser una editora, ¿no? ¿**Has pensado en trabajar** en otro lugar?

–Sí.

El 10 de agosto, Marisol **tendrá una entrevista de trabajo** en una de las revistas más importantes del país. **Hace muchos años que ella no va a una entrevista de trabajo,** así que está muy nerviosa, pero **ella confía** en sus habilidades y experiencia, así que **sabe que todo saldrá bien.** De igual manera, Marisol **se preparará** para la entrevista, **investigará el mercado laboral** del momento y **cuánto podría exigir como sueldo.**

Si las cosas salen como Marisol quiere, todo cambiará en su casa, ya que ella **tendrá que trabajar** más horas y **no podrá estar en casa** con sus hijos todo el tiempo. Marisol **tendrá que contratar a una niñera para que se quede con sus hijos hasta que ella llegue a casa,** aunque **mientras tanto ella sabe que cuenta con su hermana para que se haga cargo de sus hijos.** Marisol tendrá que hacer **algunos sacrificios,** pero ella **está dispuesta a hacerlo, no solo por ella sino por sus hijos. Si Marisol consigue el trabajo** de editora **ganará** mucho más dinero, **lo cual significa que podrá invertir** más dinero en **la educación de sus hijos, podrá inscribirlos en una escuela privada** con mejores profesores. También **podrá llevarlos de viaje** más seguido. Ella **está segura** que a sus hijos les encanta viajar pero **no le dicen nada a ella** porque saben que en este momento no tiene el dinero para esos **lujos.** Esta noche Marisol **le prenderá una vela a la Virgen** y **rezará para que la ilumine** y **todo salga bien** mientras entra en **esta nueva etapa de su vida.**

Resumen

Marisol se siente insatisfecha en este punto de su vida, piensa en todos los años que lleva trabajando como escritora en la revista La Mirada, y en el hecho de que no tiene oportunidad de crecer más en la compañía. Su sueño siempre fue ser editora, pero eso no es posible en la empresa en la que trabaja actualmente. Luego de hablar con su hermana y poner las cosas en perspectiva, Marisol decide buscar empleo en otro lugar donde pueda explorar todo su potencial.

Summary

Marisol feels dissatisfied at this point in her life. She thinks about all the years she has been working as a writer in the magazine *La Mirada*, and the fact that she has no opportunity to grow more in the company. Her dream has always been to be an editor, but that's not possible in the company she currently works at. After talking to her sister and putting things into perspective, Marisol decides to look for a job in a place where she can explore her full potential.

Glosario – Glossary

Desde: since

Se lleva muy bien con todos: she gets along well with everybody

Ha aprendido: she has learned

Ese puesto: that position

Todos estos años: all these years

Se ha estado sintiendo insatisfecha: she has been feeling dissatisfied

Algo tonta: somewhat silly

Estable: stable

Con el que puede mantenerse a sí misma: with which she can support herself

Haciendo el mismo trabajo: doing the same work

No tiene nada que aprender: she has nothing else to learn

Algún día: some day

Ese puesto lo tiene su jefa: that position belongs to her boss

El dueño de la empresa: the owner of the company

Tampoco ganará más dinero: she's not going to earn more money either

A este paso: at this rate

Las cosas seguirán iguales: things will stay the same

El resto de su vida: the rest of her life

Todos los días serán iguales: every day will be the same

Se sentirá cada vez peor: she will feel worse as time goes on

Se reúne con: she meets with

¿Te sientes aburrida o qué?: do you feel bored or what?

No tengo oportunidad de crecer: I don't have the opportunity to grow

Te costó mucho tener: it was hard for you to have

Ya no me llena: it's not fulfilling for me anymore

Un reto: a challenge

Estaba contenta con mi trabajo: she was happy with my work

¿Has pensado en trabajar...?: have you thought about working...?

El 10 de agosto: on August 10th

Tendrá una entrevista de trabajo: she's going to have a job interview

Hace muchos años que ella no tiene una entrevista de trabajo: it has been many years since she last had a job interview

Ella confía: she trusts

Sabe que todo saldrá bien: she knows everything will go well

Se preparará: she will prepare herself

Investigará el mercado laboral: she will do research about the labor market

Cuánto podría exigir como sueldo: how much she could ask as salary

Si las cosas salen como Marisol quiere: if things go the way Marisol wants

Todo cambiará: everything will change

Tendrá que trabajar: she will have to work

Mientras tanto: in the meantime

Ella sabe que cuenta con su hermana para que se haga cargo de sus hijos: she knows she can count on her sister to take care of her kids

Tendrá que contratar una niñera para que se quede con sus hijos hasta que ella llegue a casa: she will have to hire a nanny to stay with her kids until she gets home

Algunos sacrificios: some sacrifices

Está dispuesta a hacerlo: she is willing to do it

No solo por ella sino por sus hijos: not only for her but for her kids

Si Marisol consigue el trabajo: if Marisol gets the job

Ganará: she will earn

Lo cual significa que podrá invertir: which means she will be able to invest

La educación de sus hijos: her kids' education

Podrá inscribirlos en una escuela privada: she will be able to enroll them in a private school

Podrá llevarlos de viaje: she will be able to take them on trips

Está segura: she is sure

No le dicen nada: they don't say anything to her

Lujos: luxuries

Le prenderá una vela a la Virgen: she will light a candle in the Virgen's name

Rezará para que la ilumine: she will pray for her to shine her light upon her

Todo salga bien: everything goes well

Esta nueva etapa de su vida: this new stage of her life

Ejercicio 1

Contesta las siguientes preguntas – answer the following questions

1- **¿Desde qué año Marisol trabaja en La Mirada?** – since what year has Marisol been working at La Mirada?

_____

2- **¿Cómo se ha estado sintiendo últimamente?** – how has she been feeling lately?

_____

3- **¿Cuál era su sueño en la universidad?** – what was her dream at college?

_____

4- **¿Quién es Jasmine?** – who is Jasmine?

_____

5- **¿Qué hace Marisol el martes?** – what does Marisol do on Tuesday?

_____

6- **¿Cuándo es su entrevista de trabajo?** – when's her job interview?

_____

7- **¿Cómo se prepara Marisol para la entrevista?** – how does Marisol prepare for the interview?

_____

8- **¿Cómo cambiarán las cosas en casa para ella?** – how will things change at home for her?

_____

9- **¿Con quién cuenta para cuidar de sus hijos mientras tanto?** – who can she count on to take care of her kids in the meantime?

10- **¿Qué hará Marisol esta noche?** – what's Marisol going to do tonight?

Ejercicio 2
Elige entre "verdadero" o "falso" – choose "true" or "false"

1- **Ella se lleva bien con sus compañeros.** – She gets along well with her coworkers.

2- **Su trabajo actual es inestable.** – Her current job is unstable.

3- **Ella teme que todos sus días sean iguales por el resto de su vida.** – She fears that all her days will be the same for the rest of her life.

4- **Su hermana le dijo que no renunciara.** – Her sister told her not to quit.

5- **Ella tiene una entrevista en un periódico importante.** – She has an interview with an important newspaper.

6- **Ella siente que todo saldrá mal.** – She feels like everything will go wrong.

7- **Marisol trabajará más horas.** – Marisol will work more hours.

_____

8- **Su esposo se quedará con los niños.** – Her husband will stay with the kids.

_____

9- **Ella invertirá en la educación de sus hijos.** – She will invest in her kids education.

_____

10- **Ella le prenderá una vela a Jesús.** – She will light a candle in Jesús' name.

_____

Respuestas – Answers

Ejercicio 1

1- Marisol trabaja en La Mirada desde el año 2007.

2- Marisol se ha estado sintiendo insatisfecha últimamente.

3- Su sueño en la universidad era ser editora algún día.

4- Jasmine es su jefa, la editora de la revista y la hija del dueño de la compañía.

5- El martes Marisol va a su cita con el dentista y en la tarde se reúne con su hermana a tomar café.

6- La entrevista de Marisol es el 10 de agosto.

7- Marisol se prepara para su entrevista investigando el mercado laboral y cuánto podría exigir como salario.

8- Si Marisol obtiene el puesto, ya no podrá pasar tanto tiempo en casa con sus hijos.

9- Marisol cuenta con su hermana para que cuide de sus hijos cuando ella no puede.

10- Esta noche Marisol le prenderá una vela a la Virgen y pedirá que la ilumine.

Ejercicio 2

1- Verdadero

2- Falso

3- Verdadero

4- Falso

5- Falso

6- Falso

7- Verdadero

8- Falso

9- Verdadero

10- Falso

Puntos clave — Key takeaways

- *Seré, tendrá* and *podrá* are examples of irregular-verb conjugations in the future simple tense.
- Keep in mind that the fact a verb might be irregular in a tense such as the indefinite preterite, it doesn't necessarily mean it is the same case in every other tense.
- A common use of the future simple tense in Spanish is when you are trying to guess something, often phrased as a question, *¿Dónde estará mi celular?, ¿Cuántos gatos tendrá María?*, as in, (Where in the world is my phone?), (I wonder how many cats María has.)

In the next chapter, you will go alongside Tomás to one of the strangest stores he's ever been to. Stay focused! We will be introducing the passive "se".

Chapter 10: La extraña tienda – The odd store

La falta de dinero es la raíz de todo mal.

- Mark Twain

Tomás **lleva estudiando cine por un poco más de dos años**, su universidad es una de las mejores del país y **por ende** es una de las más caras. **Desde el principio** sus padres **se comprometieron a cubrir todos sus gastos**, pero en los últimos meses los padres de Tomás **han tenido gastos considerables. Las tuberías del baño** se dañaron y **tuvieron que gastar bastante dinero para repararlas.** El abuelo de Tomás también estuvo muy enfermo y las **citas del cardiólogo**, más los análisis y los medicamentos fueron **sumamente costosos.** Es por eso que los padres de Tomás le dijeron que **es muy probable que no**  tengan el dinero para pagarle el siguiente semestre en la universidad. Tomás sintió mucha **rabia hacia sus padres** al principio, pero **luego de reflexionar** se dio cuenta de que esta situación **no era culpa de sus padres**, ellos **querían apoyarlo** como siempre, solo que **no estaban pasando por un buen momento económicamente**.

Si Tomás no quiere perder un semestre de clases, **tendrá que conseguir el dinero por su cuenta.**

Tomás **nunca ha tenido la necesidad de trabajar**, es muy afortunado en ese aspecto porque **así puede dedicar su tiempo a sus estudios**. Pensó que quizás podría buscar trabajo **como cajero en algún supermercado**, o tal vez como mesonero en un restaurante, lo malo es que esos trabajos son muy **demandantes** y **tendría que pasar muchas horas ahí**. Es una **lástima** que todavía sea muy **principiante** en su carrera y **no pueda usar lo que ha aprendido para ganar dinero** en el área. Luego de pensarlo un poco, **llegó a la conclusión** de que **lo mejor era que vendiera algunas de sus pertenencias**. Fue a casa de sus padres y buscó en su antigua habitación **qué podía vender**. Encontró una laptop algo vieja que funcionaba a la perfección, **solo que ya no la utilizaba**; también algo de **ropa de la que podría deshacerse**; unas **cadenas de oro que no se ponía desde** que era adolescente.

Puso un anuncio en **una página de venta de computadoras usadas** para ver si alguien estaba interesado en su laptop, después buscó algún lugar donde pudiera vender las cadenas de oro. A unas cuadras encontró una tienda llamada El Paraíso donde **parecía que vendían curiosidades**, así que fue a visitarla. Afuera de la tienda **había un cartel que decía "Se compra oro"** en letras grandes, entró caminando lentamente, observando todo tipo de cosas inusuales. Había un teléfono muy antiguo que parecía de oro y **tenía la forma de un hueso humano**, no sabía si era hermoso o un poco **escalofriante**. También había una lámpara con unas **estatuillas** de ángeles en la base. Había varias curiosidades como esas que **se veían costosas**, y otras de materiales como plástico, como un reloj con forma de gato con la cola como **péndulo**.

–**¿En qué te puedo ayudar?** –dijo un hombre con el cabello totalmente blanco.

Tomás actuó **como si el hombre no lo hubiese asustado**: Sí, compran oro, ¿no?

–Así es.

Tomás le mostró las cadenas al hombre y él las observó con **una lupa**.

–**Son de 14 quilates, las tengo desde que era pequeño.**

–**¿Por qué las vendes?**

–Necesito el dinero para pagar mi universidad.

–Una razón válida.

A la izquierda había un pasillo largo y había un cartel que decía **"Se reparan celulares"**.

–¿También reparan celulares aquí? –preguntó Tomás.

–Sí. ¿Por qué, te parece inusual?

–Un poco, sí.

En el mismo pasillo vio otro cartel que decía **"Se alquilan trajes"**.

–¿Hasta alquilan trajes?

–No, ya no. Antes sí.

–Es una persona con muchos talentos.

–O de muchos intereses –respondió el hombre.

Tomás sonrió pensando en lo inusual que era encontrar una tienda en **donde hicieran tantas cosas**. El hombre escribió en un papel **cuánto le pagaría por** las cadenas de oro y Tomás **intentó disimular su sorpresa**, **no se imaginaba** que esas cadenas **podían costar** tanto dinero. **Tendría lo suficiente como para pagar el semestre** de la universidad y parte del siguiente. **Antes de acceder a vender** las cadenas, Tomás investigó un poco el valor del oro **para asegurarse de que no lo estaban estafando**, aunque **era algo que debería haber hecho antes**. El precio parecía el adecuado así que aceptó y el hombre le entregó el dinero en efectivo.

Antes de irse, le preguntó cuánto costaba el reloj con forma de gato y lo compró porque le parecía un buen regalo de cumpleaños para **una amiga que cumpliría años** la próxima semana.

Resumen

Cuando los padres de Tomás le dicen que no tienen el dinero para pagar su universidad el siguiente semestre, él se ve en la necesidad de conseguir el dinero por su cuenta y rápido. Piensa en buscar un trabajo, pero luego de revisar su antigua habitación en la casa de sus padres, encuentra algunas cosas que ya no utiliza y que podría vender. Es así como Tomás termina en un tienda un poco inusual en donde al final consigue el dinero suficiente para poder continuar con sus estudios.

Summary

When Tomas' parents tell him that they don't have the money to pay for his university next semester, he finds himself having to get the money on his own, and fast. He thinks about looking for a job, but after checking his old room at his parents' house, he finds some items he doesn't use anymore and that he could sell. That's how he ends up in an odd store where he finally gets enough money to be able to continue with his studies.

Glosario – Glossary

Lleva estudiando cine por más de dos años: he has been studying film for over two years

Por ende: thus

Desde el principio: from the beginning

Se comprometieron a cubrir sus gastos: they promised they would cover all his expenses

Han tenido gastos considerables: they have had considerable expenses

Las tuberías del baño: the bathroom pipes

Tuvieron que gastar bastante dinero para repararlas: they had to spend a lot of money to repair them

Citas del cardiólogo: the cardiologist appointments

Sumamente costosa: extremely expensive

Es probable que no tengan dinero para pagarle el siguiente semestre: they probably don't have the money to pay for his next semester

Rabia hacia sus padres: anger towards his parents

Luego de reflexionar: after some reflection

No era culpa de sus padres: it wasn't his parents' fault

Querían apoyarlo: they wanted to support him

No estaban pasando por un buen momento económicamente: they weren't going through a good situation financially

Tendrá que conseguir el dinero por su cuenta: he will have to get the money on his own

Nunca ha tenido la necesidad de trabajar: he has never had the need to work

Así puede dedicar su tiempo a sus estudios: that way he can dedicate his time to his studies

Como cajero en algún supermercado: as a cashier in a supermarket

Demandantes: demanding

Tendría que pasar muchas horas ahí: he would have to spend many hours there

Es una lástima: it's a shame

Principiante: beginner

No pueda usar lo que ha aprendido para ganar dinero: he can't use what he has learned to make money

Llegó a la conclusión: he came to the conclusion

Lo mejor era que vendiera algunas de sus pertenencias: the best thing to do was to sell some of his belongings

Qué podía vender: what he could sell

Solo que ya no la utilizaba: he just didn't use it anymore

Ropa de la que podría deshacerse: clothes he could get rid of

Cadenas de oro que no se ponía desde: gold chains he had not worn since

Puso un anuncio: he put up an ad

Una página de venta de computadoras usadas: a website where they sold used computers

Parecía que vendían curiosidades: it seemed like they sold curiosities

Había un cartel que decía: there was a sign that said

Se compra oro: we buy gold

Tenía la forma de un hueso humano: it had the shape of a human bone

Escalofriante: creepy

Estatuilla: little statues

Se veían costosas: they looked expensive

Péndulo: pendulum

¿En qué te puedo ayudar?: what can I help you with?

Como si el hombre no lo hubiese asustado: as if the man had not scared him

Una lupa: a magnifying glass

Son de 14 quilates: they are 14 carats

Las tengo desde que era pequeño: I have had them since I was little

¿Por qué las vendes?: why are you selling them?

Se reparan celulares: we repair phones/phone repair

Se alquilan trajes: we rent suits

¿Hasta alquilan trajes?: you even rent suits?

Donde hicieran tantas cosas: where they did so many things

Cuánto le pagaría por: how much he would pay him for

Intentó disimular su sorpresa: he tried to hide his surprise

No se imaginaba: he did not imagine

Podían costar: they could cost

Tendría lo suficiente como para pagar el semestre: he would have enough to pay for his semester

Antes de acceder a vender: before agreeing to sell

Para asegurarse de que no lo estaban estafando: to make sure he wasn't being scammed

Antes de irse: before he left

Era algo que debería haber hecho antes: it was something he should have done before

Una amiga que cumpliría años: a friend that would have her birthday

Ejercicio 1

Contesta las siguientes preguntas – answer the following questions

1- **¿Por qué su universidad es tan cara?** – why is his university so expensive?

_____

2- **¿Por qué sus padres no pueden pagarle el semestre?** – why can't his parents pay for his semester?

_____

3- **¿Cómo se sintió Tomás?** – how did Tomás feel?

_____

4- **¿Dónde ha trabajado antes Tomás?** – where has Tomás worked at before?

_____

5- **¿Por qué es Tomás afortunado?** – why is Tomás lucky?

_____

6- **¿Qué encontró él en su antigua habitación?** – what did he find in his old room?

_____

7- **¿Qué había afuera de la tienda?** – what was there outside the store?

_____

8- **¿Cómo era el teléfono?** – what was the telephone like?

_____

9- **¿Cómo son las cadenas de Tomás?** – what are Tomás' chains like?

10- **¿Qué compró Tomás de la tienda?** – what did Tomás buy from the store?

Ejercicio 2

Elige entre "verdadero" o "falso" – choose "true" or "false"

1- **Sus padres gastaron dinero en las tuberías del baño.** – His parents spent some money on the bathroom pipes.

2- **Su abuelo fue al dermatólogo.** – His grandpa went to the dermatologist.

3- **Tomás culpa a sus padres de todo.** – Tomás blames his parents for everything.

4- **Él decidió vender sus cosas en vez de trabajar.** – He decided to sell his things instead of working.

5- **Tomás no se pone sus cadenas desde que era un niño.** – Tomás hasn't worn his chains since he was a kid.

6- **Puso un anuncio en una página web.** – He put up an ad on a website.

7- **La lámpara tenía estatuillas de perros.** – The lamp has little statues of dogs.

8- **El reloj de gato era de plástico.** – The cat clock was made of plastic.

9- **En la tienda también alquilan trajes.** – They also rent suits at the store.

10- **Él aún necesita dinero para pagar el semestre.** – He still needs some money to pay for the semester.

Respuestas – Answers

Ejercicio 1

1- La universidad de Tomás es así de cara porque es una de las mejores universidades de cine del país.

2- Sus padres no pueden pagarle la universidad este semestre porque han tenido gastos muy considerables últimamente.

3- Tomás sintió mucha rabia hacia sus padres al principio, pero luego entendió que no era su culpa.

4- Tomás no ha trabajado antes.

5- Tomás es muy afortunado porque no ha tenido la necesidad de trabajar y puede dedicar su tiempo a sus estudios.

6- Tomás encontró una laptop algo vieja, algo de ropa de la que se podía deshacer y unas cadenas de oro que no se ponía desde hace mucho.

7- Afuera de la tienda había un cartel que decía "Se compra oro" en letras grandes.

8- El teléfono parecía de oro y tenía la forma de un hueso humano.

9- Las cadenas de Tomás son de oro de 14 quilates.

10- Tomás compró un reloj con forma de gato como regalo de cumpleaños para una amiga.

Ejercicio 2

1- Verdadero

2- Falso

3- Falso

4- Verdadero

5- Falso

6- Verdadero

7- Falso

8- Verdadero

9- Falso

10- Falso

Puntos clave — Key takeaways
- The passive "se" is a passive structure and as such the subject is not mentioned because it's either unknown or irrelevant.
- We see tons of examples of the passive "se" in signs of advertising services, as in, *Se reparan celulares*, (We repair phones/phone repair).
- The passive "se" is also common in want ads or other types of announcements: *Se busca mesera con experiencia*; *Se venden carros*, as in (Wanted: waitress with experience); (Cars for sale).

In the next chapter, you will read about Daniela's time at a party where she loses her purse and has to do the impossible to get it back. Don't miss your chance to learn about indefinite pronouns because we'll be covering those.

Chapter 11: La cartera perdida – The lost purse

La pérdida no es nada más que el cambio, y el cambio es el deleite de la naturaleza.

- Marco Aurelio

Daniela estaba muy emocionada por la fiesta de Ricardo, un compañero del trabajo que **tiene fama de celebrar sus cumpleaños por todo lo alto**. Ella necesitaba distraerse, últimamente **su vida solo se trataba de** su trabajo o de reparar cosas en su nuevo departamento, así que **le hacía mucha ilusión una noche para bailar y tomar** y **no pensar en nada más**. La fiesta era en la casa enorme de una **tía ricachona** de Ricardo, quedaba fuera de la ciudad, en una calle **rodeada** de otras casas iguales de hermosas, con una piscina y una **vista al lago**. Daniela pensó en **lo bien que se la debe de pasar**

en esta casa en el verano, de momento **hacía un poco de frío como para meterse al agua**. Daniela se sentó en una mesa junto a Paula, **una compañera de trabajo que le caía bien**, y dos **chicos que no conocía**.

–¿Te puedo recomendar un cuba libre o un daiquiri? –dijo el chico que preparaba **los tragos**.

–**Dame cualquiera** –dijo Daniela.

Daniela se tomaba su cóctel mientras Ricardo hablaba por el micrófono, **agradeciéndoles a todos por venir**, luego **pusieron música** y todos se fueron a bailar. Daniela y Paula **se turnaban bailando**, así **una bailaba y la otra cuidaba las carteras**, lo hicieron así varias veces **hasta pasadas las 2 de la mañana** cuando Daniela vio que Paula bailaba cuando **era su turno** de quedarse en la mesa con las carteras. Daniela le preguntó dónde estaban sus cosas y **ella le dijo que no se preocupara**, que **se las había dejado a** uno de los chicos en la mesa, pero cuando las dos volvieron a la mesa **no había nadie**.

Paula **estaba tan apenada que se le quitó lo ebria** al instante, **le pidió disculpas** a Daniela y **le dijo que la ayudaría a encontrar** su cartera. Intentaron recordar información sobre el chico que estaba en la mesa con ellas pero no sabían su nombre, ni si su cabello era castaño oscuro o negro, no estaban muy seguras. Daniela **se puso a llorar** en el momento **de la angustia** y Paula no entendía por qué esa cartera era tan importante, así que **tuvo que confesarle** que en uno de los bolsillos de la cartera, había guardado unos aretes muy costosos **que su prima le había prestado** para la fiesta, eran muy pesados así que Daniela **prefirió guardarlos en su cartera para no perderlos** mientras bailaba.

Paula **se sentía aún más culpable** y fue a preguntarle a uno de los hombres de seguridad si tenía una lista de las personas en la fiesta, y buscó entre los nombres de los que estaban en su mesa **a ver si alguien le parecía familiar. Habían muchos, se tardó un par de minutos en leerlos todos**, y **el único que le llamó la atención** fue Francisco, a Daniela también le parecía que **ese podía ser** el chico y **regresaron a buscarlo entre la gente, le preguntaron a varios si lo conocían**, pero **nadie sabía quién era**, excepto Ricardo. Él les dijo que **se había ido hace unos minutos** y les dio la dirección de su departamento.

Daniela **no se iba a rendir**. Tomaron un taxi hasta la casa de Francisco y **tocaron la puerta** hasta que un chico que no era Francisco **salió a ver quién era, se frotaba los ojos como si se acabara de despertar**. Les dijo que Francisco no estaba, que **se había ido** a la casa de su novia en un taxi. Las chicas **pensaban que él mentía** y **sin su permiso**, pasaron al departamento y llamaron el nombre de Francisco varias veces, pero el departamento estaba completamente vacío. Estaban apenadas así que le explicaron la situación al chico y luego de hablar unos minutos, él **accedió a darles la dirección** de la casa de la novia de Francisco.

Eran casi las 4 de la mañana y Daniela **se estaba quedando dormida** en el taxi, lo cual era raro porque también **le dolía la cabeza**, no sabía si era **por lo que había tomado** o **por todo el estrés de la situación en la que se había metido**. Tenía que encontrar a Francisco, tenía que encontrar esos aretes.

Tocaron el timbre por al menos cinco minutos **antes de que saliera Francisco**. Se les quedó viendo un momento **hasta que las reconoció** y **les preguntó a qué habían venido**. Francisco se sintió muy apenado y les dijo que **sí recordaba la cartera**, pero que **estaba tan ebrio que se la llevó con él** en el taxi, buscó unos minutos entre sus cosas en la sala, y luego fue a su cuarto. La novia de Francisco fue a la cocina a preparar algo de café y le dio una taza a cada una. Francisco **no encontró la cartera en ningún lado**, les dijo que **lo más probable era que la dejara en el taxi**, así que lo llamó **delante de ellas**. El hombre que manejaba el taxi le dijo que **sí había dejado** una cartera en el asiento y que en menos de una hora **podía pasar a dejarles la cartera**.

El cielo se aclaraba un poco y los cuatro tomaron café con unas tostadas que había preparado la novia de Francisco. A los minutos llegó el hombre con la cartera y luego de revisar los bolsillos y ver que los aretes estaban ahí, Daniela **sintió que al fin podía respirar**. En ese momento pensó que **había aprendido una nueva lección**, **nunca más pediría joyería cara prestada**.

Resumen

Daniela va a la fiesta de su amigo Ricardo esperando pasarla muy bien tomando y bailando toda la noche, se turna con su amiga Paula para cuidar sus cosas, pero en un descuido de Paula la cartera de Daniela desaparece. Preocupada por algo que se encuentra en la cartera, Daniela se pasa el resto de la fiesta intentando ver dónde está su cartera. Paula la acompaña a buscarla a la dirección de la persona que posiblemente la tiene, esperando que se la devuelvan.

Summary

Daniela goes to Ricardo's party hoping to have a great time drinking and dancing all night. She takes turns with her friend Paula to watch their things, but when Paula isn't paying attention Daniela's purse disappears. Worried about an item inside the purse, Daniela spends the rest of the party trying to find where her purse is. Paula goes with her to look for the purse at the address of the person who possibly has it, hoping they will give it back.

Glosario – Glossary

Tiene fama de celebrar su cumpleaños por todo lo alto: he was known for celebrating his birthday to the fullest

Su vida solo se trataba de: her life was only about

Le hacía mucha ilusión una noche para bailar y tomar: she was excited about a night dancing and drinking

No pensar en más nada: not think about anything else

Tía ricachona: wealthy aunt

Rodeada: surrounded

Vista al lago: view of the lake

Lo bien que se la debe de pasar en esta casa: how good it must be to be in this house

Hacía un poco de frío como para meterse al agua: it was a little cold to get in the water

Una compañera del trabajo que le caía bien: a coworker she liked

Chicos que no conocía: guys she didn't know

Los tragos: the drinks

Dame cualquiera: give me any

Agradeciéndoles a todos por venir: thanking everyone for coming

Pusieron música: they played the music

Se turnaban bailando: they took turns dancing

Una bailaba y la otra cuidaba las carteras: one of them would dance and the other would watch the purses

Hasta pasadas las 2 de la mañana: until after 2 in the morning

Era su turno: it was her turn

Ella le dijo que no se preocupara: she told her not to worry

Se las había dejado a: she had left them to

No había nadie: there was no one there

Estaba tan apenada que se le quitó lo ebria: she was so ashamed that she became sober

Le pidió disculpas: she apologized

Le dijo que la ayudaría a encontrar: she told her she would help her find

Se puso a llorar: she started crying

De la angustia: out of worry

Tuvo que confesarle: she had to confess

Su prima le había prestado: her cousin had lent her

Prefirió guardarlos en su cartera para no perderlos: she preferred to put them in her purse as not to lose them

Se sentía aún más culpable: she felt even more guilty

A ver si alguno le parecía familiar: to see if any of them seemed familiar

Habían muchos: there were many

Se tardó un par de minutos en leerlos todos: it took her a couple of minutes to read them all

El único que le llamó la atención: the only one that stood out to her

Ese podría ser: that could be

Regresaron a buscarlo entre la gente: they came back to look for him among the people

Le preguntaron a varios si lo conocían: they asked some if they knew him

Nadie sabía quién era: no one knew who he was

Se había ido hace unos minutos: he had left a few minutes ago

No se iba a rendir: she wasn't going to give up

Tocaron la puerta: they knocked on the door

Salió a ver quién era: he came out to see who it was

Se estrujaba los ojos: he was rubbing his eyes

Como si se acaba de despertar: as if he had just been woken up

Se había ido: he had left

Pensaban que él mentía: they thought he was lying

Sin su permiso: without his permission

Accedió a darles la dirección: he agreed to give them the address

Se estaba quedando dormida: she was falling asleep

Le dolía la cabeza: she had a headache

Por lo que había tomado: because of what she had drunk

Por todo el estrés de la situación en la que se había metido: because of all the stress of the situation she had gotten herself into

Tocaron el timbre: they rang the bell

Antes de que saliera Francisco: before Francisco came out

Hasta que las reconoció: until he recognized them

Les preguntó a qué habían venido: he asked them why they had come

Sí recordaba la cartera: he did remember the purse

Estaba tan ebrio que se la llevó con él: he was so drunk that he took it with him

No encontró la cartera en ningún lado:he could not find the purse anywhere

Lo más probable era que la dejó en el taxi: he most likely left it in the taxi

Delante de ellas: in front of them

Sí había dejado: he had indeed left

Podía pasar a dejarles la cartera: he could go give them the purse

El cielo se aclaraba un poco: the sky was getting brighter

Sintió que al fin podía respirar: she felt like she could finally breathe

Había aprendido una nueva lección: she had learned a new lesson

Nunca más pediría prestada joyería cara: she would never again borrow expensive jewelry

Ejercicio 1

Contesta las siguientes preguntas – answer the following questions

1- **¿Por qué necesitaba distraerse?** – why did she need some time to relax?

_____

2- **¿Cómo era la casa?** – what was the house like?

_____

3- **¿Con quién se sentó Daniela?** – who did Daniela sit with?

_____

4- **¿Por qué Daniela y Paula se turnaban bailando?** – why did Daniela and Paula take turns dancing?

_____

5- **¿Qué confesó Daniela?** – what did Daniela confess?

_____

6- **¿Qué hizo Ricardo?** – what did Ricardo do?

_____

7- **¿Quién estaba en casa de Francisco?** – who was at Francisco's place?

_____

8- **¿Por qué a Daniela le dolía la cabeza?** – why did Daniela have a headache?

_____

9- **¿Cómo reaccionó Francisco al verlas?** – how did Francisco react when he saw them?

_____

10- **¿Dónde estaba la cartera y cómo terminó ahí?** – where was the purse and how did it end up there?

_____

Ejercicio 2
Elige entre "verdadero" o "falso" – choose "true" or "false"

1- **Celebraron en la casa del tío de Ricardo.** – They celebrated at Ricardo's uncle's house.

_____

2- **Había otras casas hermosas alrededor.** – There were other beautiful houses around.

_____

3- **Paula no le caía muy bien.** – She didn't like Paula that much.

_____

4- **Paula dejó la cartera en el baño.** – Paula left the purse in the bathroom.

_____

5- **Daniela había dejado dinero en su cartera.** – Daniela had left money in her purse.

_____

6- **Casi nadie conocía a Francisco.** – Almost no one knew Francisco.

_____

7- **Francisco no estaba en su departamento.** – Francisco wasn't at his apartment.

8- **Él estaba en casa de su novia.** – He was at his girlfriend's house.

9- **La novia de Francisco llamó a la policía.** – Francisco's girlfriend called the police.

10- **Daniela recuperó su cartera.** – Daniela got her purse back.

Respuestas – Answers

Ejercicio 1

1- Daniela necesitaba distraerse porque su vida últimamente se había tratado solo sobre su trabajo y cosas que reparar en su nuevo departamento.

2- La casa es enorme, con piscina y vista al lago.

3- Daniela se sentó con Paula, una compañera de trabajo, y dos chicos que no conocía.

4- Porque así una bailaba y la otra se quedaba cuidando las carteras.

5- Daniela confesó que en uno de los bolsillos de la cartera, había guardado unos aretes muy costosos que su prima le había prestado para la fiesta.

6- Ricardo les dijo que Francisco se había ido hace unos minutos y les dio la dirección de su departamento.

7- En casa de Francisco se encontraba un chico, su compañero de piso.

8- Daniela no sabía si le dolía la cabeza por lo que había tomado o por todo el estrés de la situación en la que se había metido.

9- Francisco se les quedó viendo un momento hasta que las reconoció y les preguntó a qué habían venido.

10- Francisco estaba tan ebrio que cuando se fue se llevó la cartera de Daniela y sin querer la dejó en el taxi.

Ejercicio 2

1- Falso

2- Verdadero

3- Falso

4- Falso

5- Falso

6- Verdadero

7- Verdadero

8- Verdadero

9- Falso

10- Verdadero

Puntos clave — Key takeaways
- *Nadie, nada* and *muchos* are examples of indefinite pronouns.
- Indefinite pronouns may be the kinds of words that go under the radar; we use them to substitute a noun which is unknown, was previously mentioned or is implicit. An example would be: *Hay varios*, (There are several).
- Notice how in *Hay varios* we don't mention the noun, since the pronoun *varios* is substituting said noun, which in this short example is unknown. In normal conversations, there's usually a context of what these pronouns are substituting.

In the next chapter, you will hold Daniela's hand as she embarks on a romantic story with a foreign guy. Keep your eyes open for the common idiomatic phrases you'll encounter along the way.

Chapter 12: Un alma libre – A free soul

Cada poema es único. En cada obra late, con mayor o menor grado, toda la poesía. Cada lector busca algo en el poema. Y no es insólito que lo encuentre. Ya lo llevaba adentro.

- Octavio Paz

Un par de meses atrás, Daniela **se inscribió en un curso de inglés con la finalidad de** aprender el idioma y **hacer nuevos amigos**. A ella le gusta conocer gente nueva, pero **no le gusta hacerlo de manera virtual**, prefiere conectar con las personas frente a frente, por eso le pareció que hacer un curso era la mejor opción para ella. Hasta ahora ha conocido a un grupo de  personas que **le caen muy bien** y de vez en cuando después de clases van por un café o a dar una vuelta por el centro comercial que queda cerca. Esta vez quedaron en organizar **una salida a un bar**, algo nocturno, más aventurero. A Daniela le sorprendió un poco al principio que **sus compañeros hubieran elegido** ese plan, **pues** algunos de ellos tienen entre 50 y 60 años, y pensó que **no estarían interesados en ese tipo de cosas**. Estaba muy equivocada. Muchos de ellos tienen vidas más activas que ella. Ahí Daniela comenzó a **replantearse** todas esas pequeñas **creencias que fue construyendo con el pasar de los años**.

Estaban en un bar por la zona de San Telmo, con las **luces tenues** y un poco de música **de fondo**, pero aún así **los dejaba hablar cómodamente**. Conversaron un poco sobre su profesor actual del curso y **lo malhumorado que es, en eso todos estaban de acuerdo**, el hombre necesitaba encontrar una manera de alegrarse, no entendían cómo podía **estar de mal humor** todas las clases. **Pidieron una ronda de cervezas** y **unas papitas fritas con queso y tocino** que **estaban como para chuparse los dedos**.

Daniela se levantó para ir al baño **dando pasos lentos**, no porque el alcohol ya **estaba haciendo efecto**, sino porque tenía puesto unos tacones muy altos que **le estaban matando los pies**. En un momento **se resbaló** y **se agarró del brazo de un chico para no caerse**, le pidió disculpas al instante y **siguió su camino al baño**. Cuando salió del baño, **camino a su mesa**, el mismo chico de hace un momento le preguntó si estaba bien. Le dijo que sí y **comenzaron a charlar en la barra**. Su nombre era Théo, era francés y tenía un acento muy hermoso cuando hablaba español, a veces también hablaba en inglés porque **se le hacía más fácil, lo que a Daniela le encantaba** porque así ella también **podía practicar** y **poner a prueba lo que había aprendido en clases**. Hablaron unos veinte minutos y luego Daniela se despidió del chico para volver a la mesa con sus compañeros, pero antes de irse le dio su número a Théo, quizás fue algo impulsivo, pero **parte de ella creía que él no la iba a llamar**.

Daniela **la pasó genial** el resto de la noche, pero a eso de las 3 de la mañana ya **tenía sueño** así que pidió un taxi y al llegar a casa **fue directo a la cama**. La mañana siguiente, mientras desayunaba unas tostadas, recibió un mensaje de Théo. Él **le dio los buenos días** y le preguntó si le gustaba la poesía. **Hacía mucho tiempo que Daniela no leía un libro de poesía**, pero le dijo que sí.

A eso de las 6 de la tarde Daniela se encontró con Théo en una plaza en San Telmo, a solo unas cuadras del bar **donde se habían conocido**. Caminaron hasta una casa bastante antigua y **pintoresca**, con las paredes pintadas de colores vibrantes, había una pequeña cafetería donde solo vendían café y té. **Hicieron la cola** aunque solo tomó unos minutos. Los dos pidieron café y **luego del primer sorbo**, Daniela **no quería tomar más**, le parecía que **le hacía falta más azúcar**. Entraron a un salón inmenso donde se reunía la gente. Había algunas sillas y **un cartel que animaba a la gente a leer su poesía**, parecía que la idea era **estar de pie** y mirar al pequeño escenario en la esquina que tenía un micrófono. **Uno a uno fueron pasando las personas** a leer un poema, **en su mayoría eran en español**, pero algunos leyeron en inglés, francés, italiano y otros idiomas que Daniela no pudo reconocer. Le preguntaron a Daniela **si quería pasar a leer** pero ella dijo que no, no solo no escribía sino que **no tenía las agallas** para leer frente a todo el mundo. Théo sí accedió a pasar a leer uno de sus poemas, estaba en francés, y aunque Daniela no entendía lo que estaba diciendo, le parecía muy hermoso todo, su tono de voz, el ritmo, **la musicalidad** de sus palabras. **Le dio un fuerte aplauso** cuando terminó y a Théo **le dio pena** y **se sonrojó**.

Se fueron caminando, **agarrados de la mano**, **sin un destino en especial en mente**, solo hablando, **escuchándose el uno al otro**. Daniela sentía una conexión muy fuerte con Théo, **como si lo conociera de toda la vida** y no desde hace menos de 24 horas. Cuando **se besaron** se sintió de nuevo como una adolescente, incluso sabiendo que era **algo que no duraría**, que en cualquier momento **Théo regresaría a Francia** y **tendría que dejarlo ir**.

Resumen

Daniela se reúne con sus compañeros de clase en un bar de San Telmo una noche, y después de unos tragos, camino al baño se tropieza con un chico y comienzan a hablar. Al rato Daniela vuelve con sus amigos pero le deja su número de teléfono al chico, aunque cree que él no la va a llamar. Para su sorpresa, él le escribe al día siguiente y hacen planes para verse. Daniela la pasa muy bien con él y siente una conexión con él que jamás ha sentido con nadie, algo tan intenso y que probablemente pronto se acabe.

Summary

Daniela gets together with her classmates in a bar in San Telmo one night, and after a few drinks, on her way to the bathroom she stumbles onto some guy and they start talking. A while later Daniela gets back to her friends but she leaves him her number, even though she thinks he's not going to call her. To her surprise, he texts her the next day and they make plans to see each other. Daniela has a great time with him and she feels a connection with him that she had never felt with anyone, something so intense and that will probably be over soon.

Glosario – Glossary

Un par de meses atrás: a couple of months ago

Se inscribió en un curso de inglés: she enrolled in an English course

Con la finalidad de: with the purpose of

Hacer nuevos amigos: to make new friends

No le gusta hacerlo de manera virtual: she doesn't like to do it virtually

Le caen muy bien: she likes a lot

Una salida a un bar: an outing to a bar

Sus compañeros hubieran elegido: her classmates had chosen

Pues: because

No estarían interesados en ese tipo de cosas: they would not be interested in those kinds of things

Replantearse: reconsider

Creencias que fue construyendo con el pasar de los años: beliefs she started building throughout the years

Luces tenues: dim lights

De fondo: in the background

Los dejaba hablar cómodamente: it let them talk comfortably

Lo malhumorado que es: how grumpy he is

En eso todos estaban de acuerdo: they all agreed on that

Estar de mal humor: to be in a bad mood

Pidieron una ronda de cervezas: they ordered a round of beers

Unas papitas fritas con queso y tocino: French fries with cheese and bacon

Estaban como para chuparse los dedos: they were finger-liking good

Dando pasos lentos: taking slow steps

Estaba haciendo efecto: it was having an effect on her

Le estaban matando los pies: they were killing her feet

Se resbaló: she tripped

Se agarró del brazo de un chico para no caerse: she held onto a guy's arm to not fall

Siguió su camino al baño: she continued her way to the bathroom

Camino a su mesa: on the way to her table

Comenzaron a charlar en la barra: they started talking at the bar

Se le hacía más fácil: it was easier for him

Lo que a Daniela le encantaba: which Daniela liked

Podía practicar: she could practice

Poner a prueba lo que había aprendido en clase: to put to the test what she had learned in class

Parte de ella creía que él no la iba a llamar: part of her thought he wasn't going to call her

La pasó genial: she had a great time

Tenía sueño: she was sleepy

Fue directo a la cama: she went straight to bed

Le dio los buenos días: he said good morning

Hacía mucho que no leía un libro de poesía: it had been a while since she last read a poetry book

Donde se habían conocido: where they had met

Pintoresca: picturesque

Hicieron la cola: they waited in line

Luego del primer sorbo: after the first sip

No quería tomar más: she didn't want to drink any more

Le hacía falta más azúcar: it needed more sugar

Un cartel que animaba a la gente a leer su poesía: a sign that encouraged people to read their poetry

Estar de pie: to be on your feet

Uno a uno: one by one

Fueron pasando las personas: people were passing

En su mayoría eran en español: most of them were in Spanish

Si quería pasar a leer: if she wanted to take a turn reading

No tenía las agallas: she didn't have the courage

La musicalidad: the musicality

Le dio un fuerte aplauso: she gave him a big round of applause

Le dio pena: he was embarrassed

Se sonrojó: he blushed

Se fueron caminando: they strolled out

Agarrados de la mano: holding hands

Sin un destino en especial en mente: without a special destination in mind

Escuchándose el uno al otro: listening to each other

Como si lo conociera de toda la vida: as if she had known him all her life

Se besaron: they kissed

Algo que no duraría: something that would not last

Théo regresaría a Francia: Théo would return to France

Tendría que dejarlo ir: she would have to let him go

Ejercicio 1
Contesta las siguientes preguntas – answer the following questions

1- **¿Por qué se inscribió en el curso de inglés?** – why did she enrolled in the English course?

_____

2- **¿Qué hacen después de clase normalmente?** – what do they normally do after class?

_____

3- **¿Qué sorprendió a Daniela?** – what surprised Daniela?

_____

4- **¿Sobre quién estaban hablando?** – who were they talking about?

_____

5- **¿Qué le pasó camino al baño?** – what happened to her on her way to the bathroom?

_____

6- **¿Qué le gustaba de hablar con Théo?** – what did she like about talking to Théo?

_____

7- **¿Qué pasó la mañana siguiente?** – what happened the next morning?

_____

8- **¿Cómo era la casa?** – what was the house like?

_____

9- **¿Qué pensó de la poesía de Théo?** – what did she think about Théo's poetry?

_____

10- **¿Qué sentía ella por Théo?** – what did she feel about Théo?

_____

Ejercicio 2
Elige entre "verdadero" o "falso" – choose "true" or "false"

1- **Le gusta hacer amigos por Internet.** – She likes making friends on the Internet.

2- **Algunos de sus amigos son mayores que ella.** – Some of her friends are older than her.

3- **La música estaba muy alta.** – The music was really loud.

4- **La comida estaba muy rica.** – The food was really tasty.

5- **Daniela casi se cae al suelo.** – Daniela almost fell on the floor.

6- **Daniela habla francés muy bien.** – Daniela speaks French really well.

7- **Théo la llamó la mañana siguiente.** – Théo called her the next morning.

8- **Daniela no se terminó el café.** – Daniela didn't finish her coffee.

9- **Théo leyó un poema en francés.** – Théo read a poem in French.

10- **Ella cree que pueden tener una relación estable.** – She thinks they can have a stable relationship.

Respuestas – Answers

Ejercicio 1

1- Daniela se inscribió en el curso de inglés para aprender el idioma y hacer nuevos amigos ya que le gusta conocer gente cara a cara.

2- Después de clases normalmente van por un café o a dar una vuelta por el centro comercial que está cerca.

3- A Daniela le sorprendió que sus compañeros hubieran elegido ir a un bar porque ellos son un poco mayor que ella.

4- Ellos estaban hablando sobre su profesor de inglés que es un malhumorado.

5- Camino al baño, Daniela se resbaló y se agarró del brazo de un chico para no caerse, le pidió disculpas y siguió su camino.

6- A Daniela le encantaba hablar con Théo porque ella podía practicar su inglés y poner a prueba lo que había aprendido en clases.

7- La mañana siguiente Daniela recibió un mensaje de Théo donde él le daba los buenos días y le preguntó si le gustaba la poesía.

8- La casa era bastante antigua y pintoresca, con las paredes pintadas de colores vibrantes.

9- Aunque Daniela no entendía lo que Théo estaba diciendo, su poesía le parecía muy hermosa, igual que su tono de voz, el ritmo, y la musicalidad de sus palabras.

10- Daniela sentía una conexión muy fuerte con Théo, como si lo conociera de toda la vida.

Ejercicio 2

1- Falso

2- Verdadero

3- Falso

4- Verdadero

5- Verdadero

6- Falso

7- Falso

8- Verdadero

9- Verdadero

10- Falso

Puntos clave — Key takeaways

- Idiomatic expressions don't have a literal meaning. This makes them tricky to guess what they mean, because though some of them are quite simple, there are a few out there that will leave you scratching your head and going for the dictionary.
- Unless the meaning of the idiomatic expression is obvious, the best thing you can do when you stumble into a new one is look it up to make sure you understand its meaning.
- *Estar, tener, hacer* and *dar* are the verbs with more idiomatic expressions in Spanish.

In the next chapter, you will accompany Tomás in his frustration with a problematic professor at college. Stay focused, there are more common idiomatic phrases to cover!

Chapter 13: El trabajo de historia – The history paper

La verdad no está de parte de quién más grite.

- Rabindranath Tagore

Este semestre Tomás empezó a ver clases de historia. Al principio él no entendía **por qué debían tomar esa clase** si estaban en la carrera de cine, **no le parecía que tuviera mucho sentido**. Además, el profesor era **detestable**, a nadie en el salón le caía bien. Casi siempre llegaba tarde a clases, parecía que **no preparaba bien sus clases** y era muy estricto. Una vez que Tomás llegó cinco minutos tarde a un examen, el profesor **no lo dejó entrar**, le dijo que era un irresponsable por no

llegar a tiempo y que **debía haberse despertado más temprano** ese día. Tomás estaba furioso, **había estudiado muy duro** para el examen y también le parecía que el profesor era un **hipócrita** porque él llegaba tarde todo el tiempo.

Esa no fue la única vez que el profesor **trató a Tomás de manera injusta**. Luego de un tiempo, Tomás empezó a **darse cuenta** de que por alguna razón el profesor **parecía tener algo en su contra**. Eran pequeños gestos, como que a veces el profesor **ignoraba sus preguntas**, o que le hacía preguntas más difíciles que al resto, **como queriendo dejarlo en ridículo** frente a los otros alumnos. Y Tomás no fue el único que se dio cuenta de esto, otros de sus compañeros **comenzaron a notarlo** también, **los comentarios que le hacía** el profesor, **la forma como a veces lo miraba**. Tomás no entendía la razón, **se la pasaba pensando qué había hecho él para que el profesor le tuviera rencor**.

Pero el día que Tomás finalmente estuvo **seguro de que el profesor lo odiaba** fue cuando **tuvieron que hacer** el trabajo de historia. Muchos de sus compañeros **hicieron el trabajo en parejas**, pero él decidió hacerlo solo, siempre prefería hacerlo así porque podía tener el control de todo. A él y a varias personas **les tocó hacer el trabajo sobre** el rey Carlos IV, Tomás se esforzó mucho en el trabajo, inclusive ayudó a algunos a investigar y escribir partes de su trabajo, ya que a él siempre **se le daban bien las palabras**, así que cuando recibió su **calificación**, no lo podía creer. **Había reprobado el trabajo**, mientras que otros **habían obtenido notas más altas**, y cuando Tomás confrontó al profesor y **le pidió explicaciones de por qué le había puesto esa nota**, el profesor evadió la pregunta y **le dijo que aceptara la calificación que había obtenido**, y que **en el futuro se preparara mejor**. Fue un momento terrible, pero quizás lo peor fue que el profesor le dijo todo eso frente a los otros alumnos, **como si buscara humillarlo**.

A los días, Tomás habló con **el presidente del consejo estudiantil para preguntarle qué podía hacer él para solucionar la situación**, y él le dijo que **él no era el único que había tenido conflictos** con ese profesor, que ellos ya **estaban enterados de los comportamientos de él** porque ya varios estudiantes **se habían quejado**, pero como **la única persona que podía hacer** algo era **el decano de la facultad**, un hombre que **muchos encontraban intimidante, nadie se atrevía** a presentar una queja. Tomás se sentía muy frustrado y **le parecía insólito** que a los del consejo estudiantil **les daba lo mismo su situación**, pero **no se iba a rendir**. Escribió una carta esa misma tarde y al día siguiente se la llevó al decano de la facultad. Él **no lo pudo atender** porque estaba en una reunión, pero Tomás dejó la carta con su secretaria. Luego de dos semanas sin respuesta, Tomás se cuestionó **si la secretaria le había entregado la carta** al decano, o quizás que al decano no le importaba. No lo sabía, pero ya **estaba harto de la incertidumbre**.

Decidido a ponerle un fin a todo, una tarde, esperó al decano de la facultad en **donde él estacionaba su auto**. El hombre **se asustó** un poco cuando lo vio, le dijo que **estaba apurado** y no tenía tiempo para hablar pero

Tomás **rápidamente** le explicó la situación, su frustración, que **el profesor le estaba haciendo la vida de cuadritos** y él ya no sabía qué hacer. El hombre **se quedó callado** por un momento.

Le preguntó: **¿Tú sabes cuántos años tiene él dando clases?**

Tomás no tenía idea, pero el hombre **parecía tener 50 y tantos,** así que puede que al menos unos 20 años.

—**¿Y eso qué tiene que ver?** —preguntó Tomás.

—Es **intocable**.

Tomás **no supo qué decir** después de eso, solo observó al hombre subirse a su auto y alejarse lentamente. Toda la ilusión que tenía de resolver el problema **se hizo pedazos**. Se sentó en un banco pensando en lo increíble que era que **nadie estuviera dispuesto a ayudarlo**, lo horrible que era estar en la posición donde **alguien podía hacer lo que quisiera** y los demás se **hacían los de la vista gorda** y no le decían nada y mucho menos **lo hacían afrontar las consecuencias de sus acciones.**

Resumen

Un día Tomás comienza a tener problemas con su profesor de historia, aunque al principio él cree que quizás lo está imaginando o que exagera, pero con el pasar del tiempo es cada vez más evidente que el profesor tiene algún tipo de rencor hacia él. Incluso comienza a afectar sus calificaciones y es ahí cuando Tomás se decide a buscar ayuda, alguien que se ponga de su lado y lo solucione todo.

Summary

One day Tomás starts having problems with his history professor, although at first he thinks maybe he's imagining it or exaggerating, but with the passing of time it is obvious that the professor has some sort of resentment towards him. It even starts affecting his grades and that's when Tomás makes up his mind and looks for help, someone to be on his side that fixes everything.

Glosario – Glossary

Por qué debían tomar esa clase: why they had to take that class

No le parecía que tuviera mucho sentido: it didn't seem to make much sense to him

Detestable: hateful

No preparaba bien sus clases: he didn't prepare his classes well

No lo dejó entrar: he didn't let him in

Debía haberse despertado más temprano: he should have woken up earlier

Había estudiado muy duro: he had studied really hard

Hipócrita: hypocrite

Trató a Tomás de manera injusta: he treated Tomás unfairly

Darse cuenta: to notice

Parecía tener algo en su contra: he seemed to have something against him

Ignoraba sus preguntas: he would ignore his questions

Como queriendo dejarlo en ridículo: as if he wanted to make a fool of him

Comenzaron a notarlo: they started to notice it

Los comentarios que le hacía: the comments he would make about him

La forma como a veces lo miraba: the way he would sometimes look at him

Se la pasaba pensando qué había hecho él para que el profesor le tuviera rencor: he would often think about what he had done for the professor to hold a grudge against him

Finalmente estuvo **seguro de que el profesor lo odiaba**: he was finally sure the professor hated him

Tuvieron que hacer: they had to do

Hicieron el trabajo en parejas: they wrote the papers with a partner

Les tocó hacer el trabajo sobre: they had to write the paper about

Se le daban bien las palabras: he had a way with words

Calificación: grades

Había reprobado el trabajo: he had failed the paper

Habían obtenido notas más altas: they had gotten highest grades

Le pidió explicaciones de por qué le había puesto esa nota: he asked him for an explanation why he had gotten that grade

Le dijo que aceptara la calificación que había obtenido: he told him to accept the grade he had gotten

En el futuro se preparara mejor: to prepare better in the future

Como si buscara humillarlo: as if he was looking to humiliate him

El presidente del consejo estudiantil: the president of the student council

Para preguntarle qué podía hacer él para solucionar la situación: to ask him what he could do to solve the situation

Él no era el único que había tenido conflictos: he wasn't the only one who had conflicts

Estaban enterados de los comportamientos de él: they were aware of his behavior

Se habían quejado: they had complained

La única persona que podía hacer algo: the only person who could do something

El decano de la facultad: the dean of the faculty

Muchos encontraban intimidante: many found intimidating

Nadie se atrevía: no one dared

Le parecía insólito: he thought it was unbelievable

Les daba lo mismo su situación: they didn't care about his situation

No se iba a rendir: he wasn't going to give up

No lo pudo atender: he couldn't see him

Se cuestionó si la secretaria le había entregado la carta: he questioned if the secretary had given him the letter

Estaba harto de la incertidumbre: he was sick of the uncertainty

Decidido a ponerle fin a todo: decided to put an end to everything

Donde él estacionaba su auto: where he parked his car

Se asustó: he was scared

Estaba apurado: he was in a hurry

Rápidamente: quickly

El profesor le estaba haciendo la vida de cuadritos: the professor was making his life miserable

Se quedó callado: he stayed quiet

¿Tú sabes cuántos años tiene él dando clases?: do you know how long he has been teaching?

Parecía tener 50 y tantos: he seemed to be 50 something

¿Y eso qué tiene que ver?: what does that have to do with it?

Intocable: untouchable

No supo qué decir: he didn't know what to say

Se hizo pedazos: it was shattered

Nadie estuviera dispuesto a ayudarlo: no one was willing to help him

Alguien podía hacer lo que quisiera: someone could do whatever they wanted

Hacían los de la vista gorda: they turned a blind eye

Lo hacían afrontar las consecuencias de sus acciones: they made him face the consequences of his actions

Ejercicio 1

Contesta las siguientes preguntas – answer the following questions

1- **¿Qué no entendía Tomás?** – what didn't Tomás understand?

_____

2- **¿Cómo era el profesor de historia?** – how was the history professor like?

_____

3- **¿Qué pasó el día del examen?** – what happened on the day of the exam?

_____

4- **¿Qué notó él que el profesor hacía?** – what did he notice the professor would do?

_____

5- **¿Por qué hizo el trabajo solo?** – why did he write the paper on his own?

_____

6- **¿Qué pasó con el trabajo de historia?** – what happened with the history paper?

_____

7- **¿Qué fue lo peor de ese momento?** – what was the worst thing about that moment?

_____

8- **¿Qué le dijo el presidente del consejo estudiantil?** – what did the president of the student council say?

_____

9- **¿Dónde habló con el decano?** – where did he talk to the dean?

10- **¿Qué hizo el decano por él?** – what did the dean do for him?

Ejercicio 2

Elige entre "verdadero" o "falso" – choose "true" or "false"

1- **Tomás llegó 15 minutos tarde al examen.** – Tomás arrived 15 minutes late to the exam.

2- **El profesor era un hipócrita.** – The professor was a hypocrite.

3- **Otros notaron cómo el profesor lo trataba.** – Others noticed how the professor treated him.

4- **El trabajo era sobre el rey Carlos VI.** – The paper was about the king Carlos VI.

5- **Tomás recibió ayuda para escribir el trabajo.** – Tomás got help writing the paper.

6- **Tomás no entregó el trabajo a tiempo.** – Tomás didn't hand in the paper on time.

7- **El presidente del consejo estudiantil lo ayudó con su problema.** – The president of the student council helped him with his problem.

8- **Le escribió una carta al decano de la facultad.** – He wrote a letter to the faculty's dean.

9- **El decano no contestó a su carta.** – The dean didn't reply to his letter.

10- **Despidieron al profesor de historia.** – The history professor got fired.

Respuestas – Answers

Ejercicio 1

1- Tomás no entendía por qué debían tomar una clase de historia si estaban en la carrera de cine.

2- El profesor de historia era detestable, a nadie en el salón le caía bien. Casi siempre llegaba tarde a clases, parecía que no preparaba bien sus clases y era muy estricto.

3- Tomás llegó cinco minutos tarde al examen, así que el profesor no lo dejó entrar al salón de clases y le dijo que era un irresponsable por no llegar a tiempo.

4- Tomás notó que a veces el profesor ignoraba sus preguntas, o que le hacía preguntas más difíciles que al resto, como queriendo dejarlo en ridículo.

5- Tomás prefirió hacer el trabajo solo porque así podía tener el control de todo.

6- Tomás reprobó el trabajo de historia.

7- El profesor le dijo un montón de cosas horribles frente a los otros alumnos, como si buscara humillarlo.

8- El presidente del consejo estudiantil le dijo que Tomás no era el único que había tenido conflictos con ese profesor, que ya varios estudiantes se habían quejado.

9- Tomás habló con el decano en el lugar que él estacionaba su auto.

10- El decano no hizo absolutamente nada por él, solo dijo que el profesor era intocable.

Ejercicio 2

1- Falso

2- Verdadero

3- Verdadero

4- Falso

5- Falso

6- Falso

7- Falso

8- Verdadero

9- Verdadero

10- Falso

Puntos clave — Key takeaways

- Though you don't really need to learn idiomatic expressions to speak the language properly, they may come in handy since native speakers use them in everyday conversations. In essence, they will make your Spanish sound more natural.
- People often confuse idiomatic expressions and sayings. The difference between these two is that sayings usually carry some sort of lesson or truth behind them, while idiomatic expressions don't.
- Idiomatic expressions are very different from one language to another. Some expressions may have an equivalent in the other language, while others may not.

Conclusion

Wow, you sailed through the book. Good Job; we knew you had it in you! By reading all the stories and finishing all the exercises compiled in *Learn Intermediate Spanish with Short Stories for Adults*, you can confidently say you have the skills of a B2 Spanish learner. You have learned how to use both the indefinite and the imperfect preterite, as well as the pluperfect tense. Those are some tough ones, but that didn't stop you. You also mastered the present perfect tense and similar structures Spanish speakers use every day. You even learned how to talk about future plans, and how to use the tricky impersonal "se". You learned a ton of grammar there and you probably didn't notice. If you take that plus all the vocabulary you now know, you can go out into the world and have deeper and more meaningful conversations in Spanish. You left the basics behind.

And as always, the best part of this book is you can go back to the stories whenever you want. Any time you're feeling rusty or out of practice, you can review the stories, and find comfort while reinforcing what you already know.

We know that this isn't a goodbye, but a see you soon. When you feel ready, you can go ahead and pick up the next book in our series, *Learn Advanced Spanish with Short Stories for Adults*. Plenty of more exciting and challenging stories await, stories that will take you all the way to C1, to that level of confidence in Spanish you've always wanted. See you soon!

Ready To Start Speaking Spanish?

**Inside this Complete Spanish Phrasebook
+ digital Spanish flashcards combo you'll:**

✓ **Say what you want:** learn the most common words and phrases used in Spanish, so you can express yourself clearly, the first time!

✓ **Avoid awkward fumbling:** explore core Spanish grammar principles to avoid situations where you're left blank, not knowing what to say.

✓ **Improved recall:** Confidently express yourself in Spanish by learning high-frequency verbs & conjugations - taught through fun flashcards!

Made in the USA
Middletown, DE
01 May 2024

53756781R00085